ZHONGGUO JINDAI CAIZHENG

JIQUAN YU FENQUAN

ZHI BOYI

中国近代
财政集权与分权
之博弈

安徽师范大学出版社

·芜湖·

图书在版编目(CIP)数据

中国近代财政集权与分权之博弈/余治国著.—芜湖:安徽师范大学出版社,2018.8(2025.1重印)

ISBN 978-7-5676-3649-1

Ⅰ.①近… Ⅱ.①余… Ⅲ.①财政集中制-研究-中国-近代 ②财政分散制-研究-中国-近代 Ⅳ.①F812.95

中国版本图书馆CIP数据核字(2018)第141065号

中国近代财政集权与分权之博弈　　余治国 著

责任编辑:何章艳
装帧设计:丁奕奕
出版发行:安徽师范大学出版社
　　　　芜湖市九华南路189号安徽师范大学花津校区
网　　址:http://www.ahnupress.com/
发 行 部:0553-3883578　5910327　5910310(传真)
印　　刷:阳谷毕升印务有限公司
版　　次:2018年8月第1版
印　　次:2025年1月第2次印刷
规　　格:880 mm × 1230 mm　1/32
印　　张:6.75
字　　数:148千字
书　　号:ISBN 978-7-5676-3649-1
定　　价:48.00元

如发现印装质量问题,影响阅读,请与发行部联系调换。

序　言

现代西方税收理论认为，税收活动是一种中介活动，政府则是一种非营利性的中介机构，民众通过纳税向政府购买公共品，反之税收是纳税人购买公共品的代价。因此，民众的意愿是政府税收之依据与保障。然而，无论从国家性质还是政治条件来看，该理论都难以解释与分析中国历史上的财税问题。实际上，税收具有社会财富再分配的作用，其后盾是国家的政治权力。政治权力的建立与巩固离不开警察、军队等国家暴力机器即武力的支持。反过来，税收又是支持国家机器运转的基本保障。中国的大一统王朝，中央大多能以强大的武力控制地方，其财政制度具有的显著特征是“溥天之下，莫非王土；率土之滨，莫非王臣”[①]。如果中央丧失武力支撑，地方财政的独立便标志着国家分裂的开始。周伯棣就认为：“在封建时代，基本上讲（见）不到有中央财政与地方财政的划分。一切财政，理论上都属于中央……”[②]

秦代实行郡县制，在财政上是统收统支的中央集权体

①《诗经·小雅·北山》。

② 周伯棣：《中国财政史》，上海人民出版社1981年版，第563页。

制，郡县只是中央派出的执行机构。中央财政又可以细分为国家财政与皇室财政。秦和西汉初期国家财政的管理机构为治粟内史，其职责是“掌谷货”，汉景帝时改为大农令，武帝时改为大司农，负责租赋征收。皇室财政则由少府管理，其职责是“掌山海池泽之税”[①]，负责矿税、盐税、海租、市租等工商税的征收。到汉武帝时新创均输法、平准法等，进一步加强了财政的中央集权。唐代在“安史之乱”爆发前，户部是全国最高的财政管理机构，为了加强财政的中央集权，还增设了盐铁使、转运使、租庸使、度支使等派驻地方的人员。北宋剥夺了唐末五代时的地方财权，在地方设立代表中央的转运司机构来监察地方财政，推行岁计制度来核算地方财政，加强通判来审计地方财政。包伟民认为：“在宋代高度集权的财政体制之下，就原则讲，天下赋税并无中央税种与地方税种之别，一切财赋的所有权和支配权均属于中央政府。”[②]到了明代，由于多年战乱的破坏，商品经济退化严重，明朝政府在自然经济基础上建立了以实物为主的中央集权财税体系，后来张居正采用一条鞭法以白银纳税。总的来说，明代财政是中央集权下的一元化管理制度[③]，户部蜕变为一个会计中枢，财政权力集中于皇帝一人。在中央与地方之间的分配上采用存留起运制度，但地方存留比率较低。

---

① 班固：《汉书》卷十九上，清乾隆武英殿刻本。

② 包伟民：《宋代地方财政史研究》，上海古籍出版社2001年版，第76页。

③ 财政一元化管理制度的提法，见郭垍：《导致明朝衰亡的两个因素：财政体制与社会基层自治》，《现代财经（天津财经大学学报）》2010年第2期，第37–40页。

清代延续了中国历代王朝财政制度的特点。从理论上说，中央与地方财政不分家，户部是国家财政中枢，集全国财政权于一身，“掌天下之地政与其版籍，以赞上养万民，凡赋税征课之则，俸饷颁给之制，仓库出纳之数，川陆转运之宜，百司以达于部，尚书侍郎率其属以定议”[①]。户部下设14个清吏司，“各掌其分省民赋及八旗诸司廪禄、军士饷糈、各仓盐课钞关杂税”[②]。各省有布政使，负责一省的行政和财政。此外，还有负责漕运的漕运总督，掌管盐政的长芦、两淮盐运使等中央委派的财税代表。这些机构及负责人只对中央负责，不受地方督抚的约束。在财政制度的实际运作过程中，清代既继承了明代的存留起运制度，也逐渐形成了解协款制度、奏销制度等一系列中央集权财政制度。其中，存留起运制度是财政收入在中央与地方之间实际分配的办法。存留分配给地方，作为地方经费开支之用，起运或起解归于中央，作为国家经费开支之用。有财政盈余的省份，根据距离远近依次协济财政亏空的省份。奏销制度则是一种强化中央集权的年度预算。

到了近代，高度集权于中央的财政体制发生了巨变。晚清出现的厘金是中国几千年历史上出现的第一种真正意义上

① 光绪《大清会典》卷十三，转引自陈锋：《清代财政政策与货币政策研究》，武汉大学出版社2008年版，第456页。

② 赵尔巽：《清史稿》志九十六，民国十七年清史馆本。

的地方税之雏形[1]。从清末到民国这段近代历史，中国财政制度经历了从传统中央集权体制到现代税收体制转型的过程。本书所研究的近代财政体制的集权与分权，在财税体系由传统向现代转型的历程中具有十分重要的意义。尽管近代财政的现代化进程最终未能形成稳定的现代财税体制，但其现代化的趋势十分显著，其发展历程复杂而曲折，既有制度的进步，也有制度的反复。“周虽旧邦，其命维新。”[2]研究这一课题，对于我们今天的财税改革具有重要的历史价值与现实价值。

本书正文分两大部分：第一部分为前三章，主要以时间为序分析整个财税体系中集权与分权的演变过程；第二部分为第四章，主要分析地方外债的演变过程。第一章主要介绍清代传统的中央集权财税体系的形成过程与特点：首先，介绍清代的社会经济现状与清廷对应的财政整理举措以及由此形成的中央集权财税体系；其次，分析这一财政体制在基层政府中的无序化特征以及面对外部冲击的脆弱性与不稳定性。第二章主要谈晚清时期的中央集权财税体系如何被大规模战争的外部冲击所动摇：首先，介绍太平天国起义等大规模战争对清王朝经济的摧残；其次，介绍在战争阶段和战后引进西方军工技术的过程中地方财权的崛起与巩固；最后，

①一些文献直接将厘金称为地方税。地方税在法律上真正确立是在清末新政时，厘金一开始仍未摆脱传统财政体制，因此有学者认为称之为地方经费更为恰当。我们认为，实际运作的财税体系被定义为某种概念并非近代财税研究的关键问题，考察实际如何运作及其意义与影响才更为重要。

②《诗经·大雅·文王》。

分析清廷与地方势力之间的博弈过程，清廷面对这一局面，并未承认地方财权的合法性，仍然试图在引入西方新制度与保留旧制度之间的平衡中重建中央集权的财政制度。第三章主要谈在传统的政治架构中，财政分权和政治、军事势力的分裂之间存在必然的关系，两者之间相互作用、相互加强：首先，介绍清王朝如何由财政分裂导致军事失控，从而导致最终的灭亡；其次，介绍袁世凯财政集权的举措与失败；最后，介绍军阀割据时期中央与地方之间的财政格局，地方武力成为财政分权的基础。第四章介绍清末至北洋时期的地方外债演变，以此分析这一时期中央与地方之间财权的博弈过程。最后得出结论。附录是我2015年初涉中国经济史研究的几篇论文，其中第一篇主要谈梁启超的外债思想，第二至第四篇是一个整体，主要谈区域经济史。

本书即将出版，在此要特别感谢我的导师马陵合教授的悉心指导与点拨，还要感谢安徽机电职业技术学院院长侯大寅教授、副院长徐春林教授、笪秉宏教授、吴邦雷副教授对我博士阶段研究工作的鼎力支持，并对其他诸多同事长期而愉快的合作表示诚挚的感谢。本书是安徽省2014年高等学校省级质量工程项目物流管理特色专业（2014tszy073）成果之一。囿于学力不逮，拙著的管窥之见难免存在各种缺憾，还望方家学者不吝赐教，给予斧正。

目录

第一章　清代传统的中央集权财税体系

第一节　中央集权财税体系的形成

一、清代初期的社会经济萧条与财政整理

明末清初，全国各地战火弥漫，社会生产力遭到巨大破坏，社会动荡，经济凋敝，大量民众在战争中死亡。顺治时，“扬州十日”“嘉定三屠”“大兵所至，田舍一空”[①]，江南的社会生产力遭到严重破坏。湖南、四川、两广在张献忠、南明与清兵的拉锯战中伤亡惨重，“湖南、四川、两广新定地方，弥望千里，绝无人烟”，“成都、重庆、叙州、马湖各属人民，仅存十百。粤东抛荒已甚，粤西人少赋轻”，“蜀省凋残，成都等府州县仅存百十人民”[②]。在《聊斋志异》中，这方面的资料亦有反映。毛泽东曾讲过：“《聊斋》其实是一部社会小说。”

---

① 萧震:《请正人心疏》,转引自贺长龄:《清经世文编》卷十四,光绪十二年思补楼重校本。

② 刘馀谟:《敬陈开垦方略疏》,转引自《皇清奏议》卷四,民国景印本。

“《聊斋志异》，可以当作清朝的史料看。”[①]《鬼隶》一文有这样一段文字：“无何，北兵大至，屠济南，扛尸百万。”[②]《公孙九娘》一文的背景是于七起义，该起义“连坐被诛者，栖霞、莱阳两县最多。一日，俘数百人，尽戮于演武场中。碧血满地，白骨撑天”[③]。这些冤魂聚集在一起形成了一座叫“莱霞里”的鬼村落。此外，《聊斋志异》中的其他多篇小说均反映了清军入关后对明人的残酷屠杀。

清初社会经济的恢复极为缓慢。根据表1-1，1651年，政府课税的耕地面积只有1626年的39.0%，课税人口只有1578年的17.5%。直到明亡67年后的1711年，耕地面积仅恢复到1626年的93.3%，课税人口只恢复到1578年的40.0%。

表1-1　明清课税耕地、人口统计

年份	耕地面积(万顷)	人口(万人)
万历六年(1578)	701	6069
天启六年(1626)	743	5165
顺治八年(1651)	290	1063
顺治十五年(1658)	498	1863
顺治十八年(1661)	526	1913
康熙元年(1662)	531	1920
康熙五十年(1711)	693	2426

数据来源：杨三寿：《试论明末清初的财政经济》，《云南师范大学学报（哲学社会科学版）》1993年第6期，第54页。

① 盛巽昌：《毛泽东与中国古典小说》，上海辞书出版社2013年版，第203页。

② 蒲松龄：《聊斋志异》，华夏出版社2013年版，第655页。

③ 蒲松龄：《聊斋志异》，华夏出版社2013年版，第209页。

社会经济萧条导致清政府陷入严重的财政危机。据统计，顺治九年（1652），“钱粮每岁入数一千四百八十五万九千余两，出数一千五百七十三万四千余两，现在不敷银八十七万五千余两。其中各省兵饷，一年该银一千三百余万，各项经费不过二百余万。是国家赋财，大半尽于用兵。即使天时无警，正供不亏，而军士嗷嗷待哺，民力已竭矣”[①]。顺治八年（1651）闰二月初六日，沈永忠上奏称：“兵丁上风摩岭喊叫，我等杀贼，钱粮不给，口粮又无，眼前饿死。即从荒山逃去叁拾七人。又据镇臣许天宠报称，游击黄家栋兵到靖，无粮，饿死兵杨龙等贰拾玖名。又惠文观兵赴绥宁，五日绝粮，饥饿难忍等情。”[②]军政是一国最为重要的大事，连士兵都陷入饿死的境地，可见清初财政危机已经恶化到亟待解决的地步。

在这一形势下，财政整理和财政制度的建立对于清廷来说就显得十分必要。入主中原的八旗军事集团社会生产力低下，社会组织方式落后，缺乏另起炉灶的能力，所以承袭明制成为清廷的理性选择。在财政管理机构上，以户部为财政中枢，户部尚书“掌天下之地政与其版籍，以赞上养万民，凡赋税征课之则，俸饷颁给之制，仓库出纳之数，川陆转运之宜，百司以达于部，尚书侍郎率其属以定议，大事上之，

① 刘馀谟：《敬陈开垦方略疏》，转引自《皇清奏议》卷四，民国景印本。

② 沈永忠：《为需饷亟长沙知府抗误军需事揭帖》，转引自中国第一历史档案馆：《清代档案史料丛编》第六辑，中华书局1980年版，第168页。

小事则行，以足邦用”[①]。户部下设江南、江西、浙江、湖广、福建、山东、山西、陕西、河南、四川、广东、广西、云南、贵州等14个清吏司，“各掌其分省民赋及八旗诸司廪禄、军士饷糈、各仓盐课钞关杂税”[②]。比如，山东司负责盐课奏销，云南司负责漕粮奏销，贵州司负责关税奏销，等等。

户部还管理各地仓与库。仓主要储存各省运来的粮食，京师有15座。库在京师属于户部的有银库、缎疋库和颜料库，这些均为国库。银库是全国财富之总汇，储存各省起解的田赋、漕粮、盐税、关税、杂赋等；缎疋库储存各省输送的绸缎、绢布等；颜料库储存各省送至的铜、铁、铅、锡等。此外，盛京户部银库贮金银、币帛、颜料等物。各省将军、副都统、城守尉库，储官兵饷银及杂税。布政使司库，贮各州县岁征田赋、赋银。按察司库，贮赃罚银钱。粮道库，贮漕赋银、驿站马夫工料。河道库，贮河饷。兵备道库，贮兵饷。盐运使司盐课各税务由部差者，有监督库。所有这些库藏每年都要造册交户部审查。各省有布政使，负责一省的行政和财政。此外，还有负责漕运的漕运总督，掌管盐政的长芦、两淮盐运使等中央委派的财税代表。这些机构及负责人只对中央负责，不受地方督抚的约束。

清廷财政收入的主要来源是地丁钱粮。地丁钱粮是对耕地征收土地税，对人口征收人头税。顺治皇帝要求“钱粮则

① 光绪《大清会典》卷十三，转引自陈锋：《清代财政政策与货币政策研究》，武汉大学出版社2008年版，第456页。

② 赵尔巽：《清史稿》志九十六，民国十七年清史馆本。

例，俱照万历年间，其天启、崇祯时加增，尽行蠲免”[①]，希望创立正常的财政制度使国家机器的运行步入正轨，同时降低税赋与徭役以抚平人心。明代的赋役是以耕地与人口为依据进行征收。如表1–1所示，明万历年间的耕地和人口与清顺治朝差异较大，直接照搬万历则例显然做不到。为了有效掌握各地的人丁田地数，清政府开始着手清理全国土地、户口，编订《赋役全书》，为税赋的定额征收与财政的中央集权提供准确的定量依据。顺治十年（1653）六月，清廷“定改折各省本色钱粮，归于一条鞭法”[②]，除漕粮和军米仍征本色[③]外，其余改征折银，从而完成了田赋的货币化，进一步加强了财政的中央集权。

随着战乱的结束与数十年的休养生息，康熙年间耕地与人口迅速增长。根据表1–1，清康熙五十年（1711）的课税耕地面积是顺治八年（1651）的近2.4倍，课税人口是顺治八年（1651）的近2.3倍。实际人口增长的数量远高于课税统计的人口数，农民为了逃避丁银，四处逃亡，流动人口的增加提高了清廷统治的风险。为了解决这一问题，康熙五十二年（1713），皇帝下诏宣布：“嗣后编审增益人丁，止将滋生实数奏闻，其征收办粮但据五十年丁册，定为常额，永不加

①《清世祖实录》卷一百一十二，台湾华文书局影印本，转引自郭成康、郑宝凤：《论清代“不加赋”及其对社会经济的影响》，《社会科学辑刊》1995年第2期，第100–107页。

② 黄鸿寿：《清史纪事本末》卷五，民国三年石印本。

③“谓米麦为本色，而诸折纳税粮者谓之折色。”见《明史·食货志二》，清乾隆武英殿刻本。

赋。”[①]此后，丁银以康熙五十年（1711）的人丁数作为额征数，不再随人丁增减而变化，地方弄虚作假的空间被挤压，中央税赋的征收更为便利。到了1724年，雍正皇帝下令将在全国范围内推行“摊丁入亩”政策，把康熙五十年（1711）确立的丁银均摊入田亩中，地赋和丁银合二为一成为纯粹的土地税制，赋税征收更为便捷。

二、中央集权财税体系的建立

在清初财政整理的基础上，清廷的财税体系不仅继承了明代的存留起运制度，还逐渐形成了解协款制度、奏销制度等一系列中央集权财政制度。其中，存留起运制度是财政收入在中央与地方之间实际分配的办法。存留分配给地方，作为地方经费开支之用，起运归于中央，作为国家经费开支之用。各省奉中央命令征收各项赋税后，存入公库，地方开销的各项经费由中央批准后，由公库动支，动支部分先将款项预存，称存留；其余剩余银两均解交中央户部或协济邻省，称起运。

凡存留、起运均要按户部批准的拨款手续进行，每年分春秋两次办理，叫作春秋拨。春秋拨是以上年预先估算的冬估为依据。每年冬季各省督抚必须预先估计第二年应支的俸饷银数，造册咨报户部，是为冬估。至下年春季，各省督抚应将库存银两实数造具清册报户部。比如直省在春秋两季，“将实在存库帑银，造具清册，春季限于二月，秋季限于八月

① 官修《清文献通考》卷四十四，清文渊阁四库全书本。

到部，由部据各省所报见存实数，酌定数目，奏明拨解。除仅敷本省需用之福建、广东、广西等省，及不敷本省需用之陕西、甘肃、四川、云南、贵州等省存留本省，不解至京，余省春秋二季册报实存银数，酌量存留本省，以备协济邻省兵饷，并别有所需请拨用外，其余银悉令解部。每年冬各省督抚，将本省次年一岁应需官兵俸饷，豫为会计造册咨部。由部将各省额征起运等项银内，按款照数拨给，如福建、广东、广西仅敷本省俸饷外，尚间有须用协济者即于邻近省分，拨解陕甘、四川、云南、贵州等省。所需不敷本省俸饷银，于邻省拨解，如山西、河南，邻近陕甘、直隶、山东，次近陕甘、江西、湖广，邻近四川、云贵、浙江，次近四川、云贵。凡拨协，先尽邻近，再尽次近。此外，各省若别有急需应协济者，随时于邻近省分通融，拨解藩库银。如不敷用，或动盐课，或请内帑，随时奏闻"①。

清顺治初年规定，地方存留与起运"相半，考成之例尚宽。后因兵饷急迫，起解数多。又定十分考成之例，一分不完，难逭部议"②。随着军费的增加和财政的中央集权，清廷逐步削减地方存留，地方收入越来越少。三藩之乱时，地方存留剧降。康熙七年（1668），各地存留银仅有338.7万两，田赋总额2583.9万两，存留仅占总额的13.1%。后来存留虽有部分恢复，但直到乾隆年间，地方存留总计也只占田赋总额

① 官修《大清会典则例》卷三十六，清文渊阁四库全书本。

② 尹继善：《（乾隆）江南通志》卷六十八，清文渊阁四库全书本。

的 21.6%[①]。到嘉庆末年，地方存留的比例甚至降到了 17.4%[②]。由此表明，清廷中央与地方财政收入的分配从初期的平分变成了中央地方八二分成的格局，财税体系的中央集权化日益显著。

奏销制度是一种年度预算。根据陈锋的研究，顺治八年（1651），是清代奏销制度的确立点；康、雍两朝，则是清代奏销制度的完备期[③]。顺治八年（1651），清廷对各项钱粮收支进行年终奏销，奏销册采用四柱清册方式，户部对奏销册进行核查磨勘，户部可以对全国财政收支进行总奏销。奏销制度在执行的过程中有过一些临时性举措。如在雍正元年（1723），临时设立会考府“以王大臣领之纠察六部清厘钱粮出入之数”[④]，各部钱粮奏销的收支均由会考府审核以防亏空。会考府在雍正二年（1724）便被撤销，而“耗羡归公”政策却一直延续到清末。耗羡在清代主要指火耗。地方征收碎银折色，须熔铸成银锭起解上缴。在这一过程中，银两会有损耗，此即火耗。为保证足额缴税，在正额之外附加额外的补偿，即为耗羡。耗羡本身是合理补偿，但地方官员为了弥补地方财政亏空或向上级官员送礼而私自加征火耗，加征

① 陈锋:《清代中央财政与地方财政的调整》,《历史研究》1997 年第 5 期,第 100–114 页。

② 申学锋:《清代中央与地方财政关系的演变》,《河北学刊》2002 年第 5 期,第 141–145 页。

③ 陈锋:《清代财政政策与货币政策研究》,武汉大学出版社 2008 年版,第 475 页。

④ 吴振棫:《养吉斋丛录》卷一,清光绪刻本。

率数倍于正额，从而导致吏治腐败，使中央政府对地方财政的控制权发生松动。雍正元年（1723）正月，雍正帝下谕宣布："前有请暂加火耗抵补亏空帑项者，皇考示谕在廷不允其请，尔诸臣共闻之矣。今州县火耗任意加增，视为成例，民何以堪乎。嗣后断宜禁止，或被上司察核，或被科道纠参，必从重治罪，决不宽贷。"[①]雍正帝决定将地方官员自由支配的耗羡收支权划归中央财政，从而达到中央财政集权的目的。他要求耗羡一律上缴藩库，再将部分耗羡收入作为额外津贴的养廉银发给官员。这样，耗羡本身也纳入了中央集权的奏销制度中。

奏销的程序到乾隆时已较为成熟。各府县将各地奏销草册，也就是钱粮出纳之册报送各省布政使司。布政使司根据所属各州县的钱粮册，在规定期限内核造总册送该省督抚复核后报户部。总册内分起运、存留、拨用、余剩各项。户部将总册送各主管清吏司，责成各司详细磨勘核查。审查后，若有问题则令该督抚转饬查明问题所在并修改呈送；若无问题则到了年底，户部再分省汇总奏报皇帝，由皇帝做最终的裁决。其中最主要的税源是田赋，其奏销程序是，"凡岁课奏销，布政使司会所属，见年赋税出入之数申巡抚，疏报以册达部，曰：奏销册备载旧管、新收、开除、实在四柱条析，起运、存留、支给、拨协、采办为数若干，以待检校。部会全数而覆核之。汇疏以闻，以慎财赋，出入以定，奏销考

① 王先谦:《东华录》雍正二，清光绪十年长沙王氏刻本。

成”[①]。各地征收钱粮悉数解司，意味着不存在独立的地方财政。地方政府的各项经费开销必须随时向该省布政使司及户部仓库领取。根据这一系列制度建设，从理论上说，清廷中央完全控制了地方的钱粮出入。

第二节 传统财政集权体系的不稳定性

一、地方财政的无序化

清政府冀图通过一系列的财税体系建设将财权牢牢控制在中央，但事与愿违，基层地方政府的财政反而日趋紊乱。在清廷中央看来，基层地方政府，尤其是州县政府的财政责任在于按时按量地征收赋税并上交中央。地方有财政责任却无合法的财政支配权。清代基层的州县官员品秩虽低，但职责十分繁重。他们同时是法官、税务员和行政官，对赋税、仓储、治安、防兵、交通、保甲、词讼、公共工程、社会福利、文教、宗教等事务都负有直接与全面的责任。州县基层官员的合法收入只有俸禄与养廉银，无其他行政经费。

按照规定，知州年俸禄为80两白银，在首府的知县为60两，其他知县为45两。据统计，知州的养廉银从500两到2000两不等，知县的养廉银从400两到2259两不等[②]。收入较少，支出却巨大。据统计，在清代，山东东明县每年实际

① 允祹：乾隆《大清会典》卷十，清文渊阁四库全书本。

② 瞿同祖：《清代地方政府》，法律出版社2003年版，第37–38页。

行政费用约为5253两，湖南湘潭县为2983两[①]。显然，合法收入远不足以支持合法的行政办公支出。此外，陋规制度更加扩大了州县官员收支不平衡的财政缺口。在地方，州县之上有知府、分守道、分巡道、布政使、按察使、巡抚、总督等，在京师则有各级京官。各级官员的行政办公费用与州县相似，主要由俸禄与养廉银支出。这些基层州县以上官员的合法收入来源主要是户部拨款，并不直接征收赋税。每一级官员要维持、组织官署的运作，都必须要向下一级官员索取陋规收入，即规礼。京官的陋规收入来自地方官的馈送，如炭敬、冰敬、别敬、年敬、节敬、喜敬、妆敬。户部、工部经费较多，吏部负责官吏的铨选和考绩，这三部官员权力较大，地方官为保证办事顺利会向这些官员上贡部费。

陋规一向被视为官员腐败的行径。瞿同祖指出，陋规在官员看来只是遵循行业性约定俗成的行为规范[②]。清代能吏汪辉祖认为，陋规“历久相沿，已成常例，万不容于例外加增，断不可于例中扣减。倘应出而吝，象齿之焚，不必专在贿矣”[③]。也就是说，陋规并不一定就是一种私相授受的贿赂行为，只是一种惯例。“官中公事，廉俸所入，容有不敷支给之处，是以因俗制宜，取赢应用。忽予汰革，目前自获廉名。迨用无所出，势复取给于民，且有变本而加厉者，长贪

① 岁有生:《清代州县的独立财政与地方社会》,《中州学刊》2014年第9期,第140–143页。

② 瞿同祖:《清代地方政府》,法律出版社2003年版,第317页。

③ 汪辉祖:《佐治学治解读》,哈尔滨工业大学出版社2015年版,第169页。

风，开讼衅，害将滋甚。极之陋规不能再复，而公事棘手，不自爱者，因之百方掊克，奸宄从而借端，善良转难乐业，是谁之过欤？陋规之目，各处不同，惟吏役所供，万无受理。他若平余、津贴之类，可就各地方情形，斟酌调剂，去其太甚而已，不宜轻言革除。至署篆之员，详革陋规，是谓慷他人之慨，心不可问，君子耻之。”[①]在汪辉祖看来，裁撤陋规的举措只是一种有虚誉而无实利的沽名钓誉之举。

为了维持基层政府的运转、满足上级的陋规收入以及各级官员不可避免的贪墨中饱，一些州县官员必然要擅自采用非法方式获取行政经费，即在正税之外向民众征收各种非法的附加税费。田赋浮收是最主要的附加税费。乾隆时，有些州县在征税时“视各户银数之多寡，于额粮之外，或多开数钱至数分不等。乡民多不识字，且自知粮额甚少，既见为官府所开，遂照数完纳。即有自核算者，又以浮开为数无几，不肯赴官控告结怨”[②]。道光二年（1822），御史罗宸条陈称：“乾隆初，州县征收钱粮尚少浮收之弊。其后诸弊丛生，初犹不过就斛面浮收。未几遂有折扣之法，每石折耗数升渐增至五折六折，余米竟收至二斗五升。”[③]基层农民的小额交易多用铜钱，但缴税要用白银。一些地方小户缺少银两，只能用铜钱折算成白银来缴税，铜银的兑换比率由基层州县官

① 汪辉祖:《佐治学治解读》,哈尔滨工业大学出版社2015年版,第168页。

② 官修《清文献通考》卷四,清文渊阁四库全书本。

③ 赵尔巽:《清史稿》志一百三,民国十七年清史馆本。

员确定。一般这一比率是市场比率的142%～175%[①]，换言之，可以在正额之上多收42%～75%的额外附加税，这被称为勒折。山东、河南、湖北、湖南、江苏、安徽、浙江和江西等省须向京师缴纳漕粮，这是一种上缴粳米的实物税。漕粮运输时发生的损耗称为耗米，运输的成本则称为漕费。漕粮税户为此一般所缴的漕粮附加税是正税的250%～400%[②]。总而言之，各地州县官员都巧立名目，广为聚敛。

清政府口头上一再三令五申，要求官员停止收取陋规，试图禁止各种奏销制度控制外的非法附加税。但地方财政缺口并不会因为下发几道上谕、发布几道禁令就能弥补。因此，奏销制度控制的明规则在地方财政上被陋规潜规则所取代。清政府既无法得知这些陋规收入的种类与渠道，亦无从监督其去向和用途。最终，清政府只能在口头上以不承认其合法性而表明一种不赞成的姿态，在实际操作中却默认了地方的非法财政活动。地方财税体系形成的种种财政潜规则，从中央集权的财税体系外独立出来，自成一体。问题在于，由于脱离了中央的财政监管，各级、各部门之间的收支完全依赖于官吏的自律性，地方财政的不合法性导致了无序化和随意化。到了晚清，这一地方独立财税体系直接导致了厘金的出现、中央财权的下移以及中央政治权威的丧失。简而言之，地方独立性的财税体系埋下了清王朝灭亡的种子。

究其根本原因在于，清代中前期的中央集权财税体系实

① 瞿同祖:《清代地方政府》,法律出版社2003年版,第212页。

② 瞿同祖:《清代地方政府》,法律出版社2003年版,第222–223页。

施的是定额化税赋制度，尤其是固定的土地税收入。按照清政府的财政制度，由户部定期修订《赋役全书》。《赋役全书》规定了地方上的耕地面积、地丁银、漕银及其他捐税的比率和定额，并列明须上缴上级官署的起运数量以及地方的存留数量。州县官员要根据《赋役全书》编制赋税册簿，以里图和甲[①]为单位进行编制，确定不同等级耕地的土地税率和地丁银定额。正税虽然分配给地方一些存留，但在奏销制度下由户部集中管理，地方官员没有自由支配权。从制度供给与制度需求的角度看，财政制度的供给面为僵化的中央集权财税体系，财政制度的需求面为地方财政实践的需要。财政制度的供给难以满足财政制度的需求，地方政府必须要创造出新的制度供给来满足实践的需要，从理论上说这是一种必然结果。换言之，陋规制度及其运作模式只是财政制度创新的一种失败的案例而已。

二、不稳定的财税体系

清代中前期的中央集权财政制度与地方不合法的陋规制度相结合，形成了一种独立的财税体系。但是，清政府真正所能调动的财政资源是奏销制度控制下的财政收入，该收入受到《赋役全书》的严重制约，缺乏灵活性与扩张性。如果人口能保持稳定，社会经济维持低水平的重复，没有外部冲击，这一体系尚能勉强维持下去。但清代盛极而衰，从乾隆

① 每10户为一甲，每110户组成一个里或图。衙门驻地的城市，基层单位为坊，近郊地区为厢。

开始，固化的财税体系不断遭受战争军费、白银外流和水旱蝗灾等各种外部因素的冲击，稳定性受到巨大的考验。这些外部冲击突发性强，财政约束小，时间持续久，难以纳入以奏销制度为核心的中央集权财税体系中。

乾隆皇帝在位时，自称“十全老人”，寓意是获得十次战争的胜利。战争与边疆治理的财政支出显著高于其他事务。据统计，乾隆数次用兵的军费支出总计约1.2亿两。平定准噶尔、收复新疆之后的边疆治理也耗费巨大。从乾隆二十五年（1760）到同治元年（1862）的102年时间里，内地各省、关每年都要拨给新疆协饷约230万两，占清廷年财政支出的6.9%。战乱时，耗费更高。平定张格尔叛乱，清廷从全国各省调集3.6万士兵，军费1100余万两。镇压玉素普叛乱，军费800万两。这102年时间中，除临时性开支的几千万两外，仅协饷就高达2.1亿两。如果加上同治之后的财政支出，清政府为治理新疆、平定叛乱共消耗内地协饷3.8亿多两，大致相当于清代中期年财政收入的10倍[①]。

乾隆末年到嘉庆时，社会经济每况愈下，各地民不聊生，起义不断。其中影响较大的是白莲教起义和天理教起义。白莲教起义蔓延9省，震动全国。嘉庆皇帝耗费9年时间，先后调集16个省的兵力，才将白莲教起义镇压下去。天理教起义者甚至潜入了皇宫，嘉庆帝震惊不已，事后下罪己诏，发出“变起一时，祸积有日。当今大弊，在因循怠玩四字，实中外之所同。朕虽再三告诫，舌敝唇焦，奈诸臣未能

① 齐清顺：《清代新疆研究文集》，新疆人民出版社2008年版，第225-227页。

领会，悠忽为政，以致酿成汉唐宋明未有之事”[①]的哀叹。从乾隆到嘉庆，八旗、绿营等经制兵腐败不堪，清廷却要支出巨额军费养着无用的军队。经制兵军饷支出包括“满汉兵饷一千七百余万两”和“武职养廉八十万两有奇”[②]，占财政总支出的四分之三。为了战争需要，在经制兵之外又不得不额外支付费用征募义勇团练，嘉庆、道光时的战争费用包括：“川湖陕教匪之役，二万万两。红苗之役，湖南一省请销一千有九十万。洋匪之役，广东一省请销三百万两。道光初次回疆之役，一千一百余万两。二次回疆之役，七百三十万两。英人之役，一千数百万两。”[③]根据周育民的估计，鸦片战争支出的军费在2500多万两[④]。因此，两朝战争费用总支出最为保守的估计至少在2.5亿两。

水旱蝗灾的赈务支出也是一笔较大的财政开支。乾隆七年（1742），江苏、安徽洪水泛滥，“江苏给被灾军民等米共一百五十六万石有奇，银五百五万两有奇。安徽给被灾军民等米八十三万石有奇，银二百三十三万两有奇”。乾隆十八年（1753），高邮运河决口，“拨米谷一百十万石，银四百万两”。嘉庆元年（1796），山东曹、单等县受灾，“赈银米合计三、四百万两”。嘉庆六年（1801），直隶水灾，“拨赈银一百万两，截漕米六十万石”。嘉庆十九年（1814），江苏、安徽之灾，拨款两三百万

① 王先谦：《东华续录（嘉庆朝）》嘉庆三十六，清光绪十年长沙王氏刻本。

② 赵尔巽：《清史稿》志一百七，民国十七年清史馆本。

③ 赵尔巽：《清史稿》志一百七，民国十七年清史馆本。

④ 周育民：《晚清财政与社会变迁》，上海人民出版社2000年版，第81页。

两。道光十一年（1831），江苏赈灾耗银一百余万两。道光二十七年（1847），河南赈灾耗银一百余万两。道光二十八年（1848），河北赈灾耗银一百三十八万两。道光二十九年（1849），江苏等四省赈灾耗银一百万两。安徽、浙江“截留办赈者，皆近百万，江苏一省则一百四十余万”[①]。

一方面是定额化的财政收入，另一方面是随机性的外部财政冲击，清代财政不平衡从乾隆末年开始日渐严重，中央集权财政制度难以维持稳定性。早在财政尚充裕的乾隆十年（1745），户部尚书诗正便看到了财税体系趋向不稳定的苗头，他上疏称：“每岁天下租赋以供官兵俸饷各项经费，惟余二百余万，实不足备水旱兵戈之用。今虽府库充盈，皇上宜以节俭为要，勿兴土木之工，黩武之师庶，以持盈保泰。”[②]户部存银的历年变化反映了财政赤字的状况。乾隆三十九年（1774），存银7390万两；乾隆四十二年（1777），存银达8182万两；乾隆四十六年（1781），存银下降，约有7000万两；乾隆五十四年（1789），存银下降到6000余万两；嘉庆十九年（1814），户部存银已剧降为1240万两。

道光皇帝为了解决日益严重的财政赤字问题，开始大开预算外收入之门，如捐纳、报效、盐斤加价等。其中捐纳是最重要的临时收入来源。科举入仕为正途，捐纳以资进身，即以钱买官。道光朝捐纳收入除各地截留外，解交户部的总额约占1840—1850年户部银库收入的25%，弥补了财政亏空

① 赵尔巽：《清史稿》志一百七，民国十七年清史馆本。

② 赵尔巽：《清史稿》列传九十，民国十七年清史馆本。

总额的46.65%。商人报效中，盐商报效有285万两。鸦片战争第一期赔款，盐商捐约245万两。以上两项就弥补了亏空总额的5.55%[①]。然而，尽管有这些奏销制度之外的收入，道光末年的财政状况仍继续恶化。鸦片战争爆发后的十年中，即道光二十年至道光三十年（1840—1850），只有两年为财政盈余，其余八年收不抵支，经常费用赤字总额达1100万两。地方财政的情况亦不容乐观。据统计，这十年中，清廷盘查发现的省库亏空达1543万两，例外支出达8000万两，总计亏空数为9543万两。这表明道光末期年均财政赤字为900万两以上[②]。到道光三十年（1850），国库仅存白银800余万两[③]。

由此可见，清代前中期的中央集权财税体系严重缺乏稳定性。以固定的田赋收入作为主要税赋来源的税收结构，在天下太平无事之时，有可能量入为出，不仅能达到收支平衡，甚至能年年盈余。但这样的税收结构缺乏应对外部冲击的弹性，整个财税体系显得十分脆弱。一旦有战争、灾荒等外部因素的干扰，额外的军费、赈灾等财政需求便会使清政府的财政从盈余变成赤字。嘉庆、道光两朝连年不断的战争、灾荒使这一缺乏财政收入增长空间的财税体系受到严重打击。鸦片战争后外国势力的入侵，以及太平天国起义的兴起，更为打击了清代前中期形成的传统财税体系，促进了近代财政制度的形成。

① 周育民:《晚清财政与社会变迁》,上海人民出版社2000年版,第72-73页。

② 周育民:《晚清财政与社会变迁》,上海人民出版社2000年版,第69页。

③ 罗玉东:《中国厘金史》,商务印书馆2010年版,第10页。

第二章　晚清财政集权和分权的起伏

第一节　太平天国起义对社会经济的冲击

一、太平天国起义的兴起

持续13年之久的太平天国起义让清政府的财税体系雪上加霜。1851年年初，洪秀全、杨秀清等人在广西金田村举事，建号“太平天国”。1852年，太平军主力自广西入湖南。1853年年初，太平军攻下武昌，随后连克九江、安庆和芜湖，占领南京、镇江和扬州。清军在南京周围设立江南大营、江北大营，围困太平军。自1853年，太平军在西至湖北武昌、南至江西南昌、北至安徽合肥、东至浙江宁波等广大区域，与清军展开了长期的拉锯战，最终在1864年战败灭亡。

太平天国起义所在的核心区域恰好是清王朝人口最多、社会经济最为发达的首善地区，尤其是江南地区，素有“财赋甲天下”之称。清人称之为“江南财赋甲于海内”[①]，“江

① 赵宏恩:《(乾隆)江南通志》卷四,清文渊阁四库全书本。

南为财赋重地，而苏、松、常三府之州县尤为繁剧”[①]。太平天国起义之前的各地区财政收入数据难以搜集完全，用清末度支部所整理的“光绪三十四年二十二直省岁人岁出总数表”中的岁入数据大致可以判断各地区的财政收入差距和江南财赋在全国的地位。根据表2-1，太平天国起义的发源地广西地区的财政收入在全国只处于中下水平。财政收入较高的地区包括奉天、直隶、江苏、云南、湖南、江西、湖北、浙江、河南、广东、福建、山东、安徽等，均超过了600万两。其中，奉天、直隶、江苏、湖北、浙江、广东、山东财政收入均超过1000万两。其中，江苏的财政收入最高，是其他地区的数倍。太平天国起义核心区域的鄂、苏、浙、皖、赣五省占财政收入超过1000万两白银地区的七分之三，占财政收入超过600万两白银地区的十三分之五。

表2-1　光绪三十四年(1908)各地区岁入总数表

地区	岁入
奉天	1581万两
吉林	486万两
黑龙江	93万两,金沙306两
直隶	2166万两
江苏宁属	2550万两
江苏江北	13万两,湘平151万两
江苏苏属	2040万两
云南	601万两

① 王先谦:《东华录》雍正五,清光绪十年长沙王氏刻本。

续　表

地区	岁入
陕西	396万两
新疆	317万两
湖南	603万两,制钱66万串
江西	757万两
湖北	1654万两
浙江	815万两,银元463万元
山西	587万两
甘肃	312万两
河南	688万两
广西	489万两
广东	纹银726万两,洋银2002万两
福建	672万两
山东	1131万两
热河	81万两
安徽	601万两

说明：表中未标出的货币单位为库平银，部分省份岁入过少的货币省略，岁入按四舍五入均取整数。

资料来源：《度支部清理财政处档案》。转引自韩祥：《晚清财政规模估算问题初探》，《中国经济史研究》2014年第3期，第25–41，175页。

太平军与清军的长期战争造成清王朝腹地的糜烂不堪。以安徽为例，曾国藩曾长期在安徽各地与太平军展开拉锯战。咸丰十年（1860），他驻军祁门县时曾这样描绘当时安徽南部的情形："皖南北十室九空。自金陵至徽州八百余里，无处无贼，无日无战。"[①]另据记载，太平军在广德州"出没无

① 李成谋：《石钟山志》卷五，清光绪九年听涛眺雨轩刻本。

时。居民遭荼，或被杀，或自殉，或被掳，以及饿殍疾病，死亡过半。存者至于无可托足，皆迁避于南乡篁竹堡。堡民负险拥众，其地倚山，四面回抱，廓其中而隘于路口，故易守。贼屡攻不克，益壮其声势。最后为贼酋洪容海率党攻破，大肆屠戮，居民无得脱者。庚申至甲子五年中，民不得耕种，粮绝，山中藜藿薇蕨都尽。人相食，而瘟疫起矣。其时尸骸枕藉，道路荆榛，几数十里无人烟。州民户口旧有三十余万，贼去时，遗黎六千有奇，此生民以来未有之奇灾”[①]。

同治二年（1863）二月二十七日，曾国藩在上奏朝廷的奏议中叙述了兵祸对安徽沿江一带的影响：“臣巡阅诸军，详观贼势。揽南北之形胜，察天人之征应，窃以为有可惧者数端，而可喜者亦有数端。自池州以下两岸难民皆避居江心洲渚之上。编苇葺茅棚，高三尺。壮者被掳，老幼相携，草根掘尽，则食其所亲之肉。风雨悲啼，死亡枕藉。臣舟过西梁山等处，难民数万，环跪求食，臣亦无以应之。二月十五日，大胜关江滨失火，茅棚数千，顷刻灰烬，哭声震野，苦求赈恤。他处芦棚丛杂，亦往往一炬万命。徽池宁国等属，黄茅白骨，或竟日不逢一人。”[②]

人口下降，耕地荒废，粮食奇缺造成了大规模的饥荒。在一些地区，甚至出现了买卖人肉的公开市场。同治二年

① 胡有诚：《广德州志》卷六十，光绪七年刻本。

② 李瀚章：《足本曾文正公全集》第二部，吉林人民出版社1995年版，第930-931页。

（1863）四月二十四日，曾国藩在日记中写道："是日淫雨竟日，彻夜不息，忧灼之至。皖南到处食人，人肉始买三十文一斤，近闻增至百二十文一斤，句容、二溧八十文一斤。荒乱如此，今年若再凶歉，苍生将无噍类矣！乱世而当大任，岂非人生之至不幸哉！"[①]几天之后，曾国藩在给家人的信中提到："惟饷项奇绌，米贵而雨多。皖南食人肉，每斤质百二十文。看来浩劫尚未满，天心尚未转也。"[②]

安徽在战前是全国人口较多的地区之一。1851年，全国总人口4.3亿，安徽人口仅次于江苏、四川两地，高达3763万，约占总人口的9%。太平天国起义期间，整个安徽元气大伤。据统计，皖南徽州府、宁国府、池州府、太平府和广德州等四府一州1819年人口达1112万，占全省人口的31.8%，至19世纪末仅为255.7万，只占全省人口的18.2%。长江以北的人口下降也十分严重，比如安庆附近的桐城县1851年人口为301.7万，战后的1869年只剩35.6万，减少88.2%。直到1909年，安徽人口也只上升到1983.3万，只占全国总人口的4.5%，人口数下降至第11位。

从全国范围来看，战争的损耗更为严重。19世纪80年代，美国传教士哈巴安德估算，中国在太平天国起义和云南、陕甘回乱及北方五省大饥荒的人口损失达8300万，其中，太平天国起义造成的人口损失为5000万；美国驻华公使

① 曾国藩：《曾国藩全集》日记二，岳麓书社1988年版，第884页。

② 李瀚章：《足本曾文正公全集》第八部，吉林人民出版社1995年版，第5415页。

柔克义则估计太平天国起义导致人口死亡为2000万[①]。1969年，美国学者研究认为，直至1913年，中国人口仍未回到1850年之前的水平。1999年，有学者研究认为，遭受兵祸最为惨烈的江西、湖北、安徽、浙江、江苏五省在1851至1864年，人口损失了8000余万，其中5700万人直接死于战争，其他“人”则因降低的出生率而无缘出世，全国总人口损失上亿。无论具体数字究竟是多少，太平天国起义造成巨大的人口损失是不争的事实，尤其是在江南财赋之区。

二、战后社会经济的萧条

太平天国起义结束之后，整个社会经济的情况并未很快好转。一般来说，在技术条件不变时，农业社会的产出主要由人口和耕地两方面决定，人口过少会造成耕地面积下降，从而使社会经济水平发生倒退。太平天国起义结束后，这一现象普遍存在。同治三年（1864）八月，李鸿章在一份奏章中谈到苏州地区的重建时说：“今全省虽就肃清，而被扰各属人民稀少，田野荒芜，蚩量孑遗仍多冻馁而死。臣职司守土，方救死扶伤之不暇，日与官绅谋所以招垦抚恤之方，但苦无款可筹，何忍于灾区再有朘削。以是拓土虽广，而用财更多，取利益薄。”[②]战后的安徽也出现地多人少的现象，“各

① 华强、蔡宏俊：《太平天国时期中国人口损失问题》，转引自中国社会科学院近代史研究所政治史研究室、苏州大学社会学院：《晚清国家与社会》，社会科学文献出版社2007年版，第64页。

② 顾廷龙、戴逸：《李鸿章全集》奏议一，安徽教育出版社2008年版，第561-562页。

省之中以皖南北荒地最多，其地方亦以皖南为最盛，仅宁国、广德一府一州不下数百亩”[①]。

1865年1月13日，一位考察丝织业的外国商人在《上海之友》报上发表一篇关于从苏州到南京的沿途见闻的文章，他写道：“在白齐文到南京去的时候，南京和苏州之间一带乡间是可爱的花园。运河两岸十八里内全都排列着房舍，居民象蜂群似的忙碌着，处处显示出这些人民有理由可以预期到的繁荣景象。自苏州复归于清军之手后，这些房舍以及无数桥梁全都消失了。整个十八里之内没有一幢房子，四周乡间，举目荒凉。人民畏清兵如豺虎，一见就惶惶逃命。看不见男人，看不见妇女，看不见儿童，也看不见任何一头牲畜。无论花多少钱也买不到鸡、鸭、猪、牛。……这里（朱家角）是沙漠中的一片绿洲。离开此地数英里，在通往无锡的路上，遍地荒芜，荆草漫生。……可是沿途布满了数不清的白骨骷髅和半腐的尸体，使人望而生畏。这里没有做买卖的船只，商业绝迹。无锡已成一片废墟。无数船只满载兵士……船上的肥胖蛮横的兵士和街上的饥饿憔悴的百姓正好形成一个鲜明的对照。……到常州府，沿途九十五里，仍旧是一片荒芜凄惨的景象，不见一个做工的人。遍地荒蒿，杂草没胫。……如果可以看到什么树木的话，也只是一些面有饥急的火民所肩负的木材而已。这些人民被那些强迫他们去砍伐木材的兵士们押解着。……这批清兵不顾一切地搜求木

① 李文治：《中国近代农业史资料：1840—1911》第一辑，生活·读书·新知三联书店1957年版，第162页。

柴，狂暴地砍倒了葱翠的树林和他们所见到的一切东西。……到达了丹阳与常州府之间的一个村庄陆泽。此地片瓦不存，不见一个人影，虽然前面五里之处设有一个厘卡。丹阳这个运河左岸的小城几乎已完全荒芜。此间的兵士如我在其他各地所见到的兵士一样肥胖蛮横，其中有些人戴着手镯、耳环和贵重的珠宝，可是四周的人民却衣不蔽体，愁苦万状，这些可怜的人如何生活实在是一个谜。我看到所有这些人全都吃的是糠皮熬成的稀糊，这是我们连喂马都不要的东西。啊，又见到了一片骷髅！从常州府到丹阳遍地布满了白骨。不幸的太平军，更可能是无辜的村民，一定遭到了极其可怕的屠戮！常州无锡间有一倾颓的宝塔，相传为四千年的古迹。我曾前往观赏。当我见到塔里塞满了死尸，尸身上的肉全都一片片割下来作为食料的时候，我是感到了怎样的震惊啊！……我从丹阳前进四十五里，前进得越远，地方上的情况就越坏，一言以蔽之，整个情况是'一团糟'。"①

1868年，德国地理学家李希霍芬在杭州、苏州、无锡、镇江、南京等太平天国起义的核心地区考察时发现："（这些地区）尽管土壤肥沃，河谷地带已完全荒芜。当你走近一组隐蔽在树丛后的粉刷得洁白的房屋时，会明白它们已成了废墟。这是当年富饶的河谷地带变为荒芜的有力见证。不时可见到临时搭凑的小屋，暂为一些可怜的穷人的栖身之处，他们的赤贫与周遭肥沃的田地适成鲜明的对比。我提到过的城

① (英)呤唎著，王维周译：《太平天国革命亲历记》，中华书局1961年版，第544-545页。

市，如桐庐、昌化、于潜、宁国等地到处都是废墟，每城仅数十所房屋有人居住。这些都是十三年前的太平天国叛乱者造成的。联接各城的大路已成狭窄小道，很多地方已长满高达十五英尺的荒草，或者已长满难于穿越的灌木丛。以往河谷中人烟稠密，这从村庄的数量之多和规模之大可以得到证明；所有原来的房屋都以条石或青砖建造，有两层，其式样之好说明以往这里原是非同寻常的富裕和舒适。无论是河谷中的田地，还是山坡上的梯田，都已为荒草覆盖，显然没有什么作物能在这枯竭的土地上繁衍。旧日的桑田因缺少照管，一半已经荒废，说明了蚕桑是以往居民们的主要产业之一。其他地方长满了老龄板栗组成的森林。……很难想象对生命财产的破坏有比这个地方更可怕的，可是这些地方只不过是遭遇同样命运的广大地区中很小的一部分。……我在不同的地方总是打听在太平天国叛乱中幸存的人口的百分比，一般说每百人中仅有三人幸存。西天目山庙中以前有四百和尚，乱后仅三十名幸存，但乡村和城市中幸存的比例更低。大多数人是在逃往深山后死于饥饿的，但死于太平军之手的男女及儿童数量也极大。”[①]

曾为太平天国筹谋划策的晚清思想家王韬总结战后的状况是：“江、浙、皖三省被贼蹂躏之地，几于百里无人烟，其中大半人民死亡，室庐焚毁，田亩无主，荒弃不耕。”[②]概而

① (美)何炳棣著，葛剑雄译：《明初以降人口及其相关问题：1368—1953》，生活·读书·新知三联书店2000年版，第284-285页。

② 王韬：《弢园文录外编》卷七，清光绪九年本。

言之，太平天国起义结束后，在清王朝的赋税重地江南地区，劳动力奇缺，土地荒废，田赋急剧下降。清王朝传统中央集权财税体系的命脉在于田赋，所以太平天国起义沉重打击了清王朝中央集权统治的经济与财政基础。

第二节　地方财权的兴起

一、清廷财政中央集权的衰落

在太平天国起义爆发前，清廷国库存银已所剩无几。道光三十年（1850）十月，户部银库的储银只剩187万两[①]。道光三十年（1850）到咸丰元年（1851）这两年间，广西军需银1024.7万两，湖南军需银418.7万两，广东军需银190余万两，湖北防堵银45万两，贵州防堵银20万两，江西防堵银10万两，南河丰工银450万两，共银2258万余两。清廷拨内帑200万两，各省各款及捐输1858万两[②]。当时全国财政收支的数据难以统计，但以户部银库的大进大出数字作为替代，能反映出清廷中央财政与军费之间的关系。根据彭泽益的研究，以钱一串折合银一两，咸丰二年（1852），银钱入库折银919.7万两，出库1110.4万两；咸丰三年（1853），银钱入库折银563.8万两，出库984万两；咸丰四年（1854），银钱入库折银1044.2万两，出库1046.9万两；咸丰五年（1855），银钱入

① 周育民:《晚清财政与社会变迁》,上海人民出版社2000年版,第144页。

② 王庆云:《石渠馀纪》卷四,清光绪十六年龙璋刻本。

库折银995.7万两，出库1007.9万两[①]。仅四年时间，户部银库就亏空625.8万两。户部库银的逐年减少，反映在结存实银数上。从咸丰四年到同治三年（1854—1864）户部银库结存实银数见表2-2。

表2-2　从咸丰四年到同治三年(1854—1864)户部银库结存实银数

年份	银数(两)
咸丰四年(1854)	126 406
咸丰五年(1855)	114 238
咸丰六年(1856)	91 951
咸丰七年(1857)	105 230
咸丰八年(1858)	50 432
咸丰九年(1859)	74 864
咸丰十年(1860)	69 382
咸丰十一年(1861)	68 173
同治元年(1862)	52 831
同治二年(1863)	56 088
同治三年(1864)	66 400

数据来源：《同治四年三月十三日户部左侍郎皂保奏折清单》，转引自彭泽益：《十九世纪后半期的中国财政与经济》，中国人民大学出版社2010年版，第63页。此数字与清银库四柱黄册所载数字有差异，参见史志宏：《清代户部银库收支和库存统计》，福建人民出版社2009年版，第280页。

根据表2-2，太平军于咸丰三年（1853）攻占南京后的次年，户部银库的结存实银已下降到12万余两，到太平天国起义时，户部只有微不足道的6万余两存银。在太平天国兴起

① 彭泽益:《十九世纪后半期的中国财政与经济》,中国人民大学出版社2010年版,第54页。

的前三年，清廷仍希望以传统的奏销制度、解协款制度等一系列中央集权财政制度为基础，延续道光朝的捐纳、报效等搜刮手段来筹措军费。咸丰元年（1851）九月，咸丰皇帝行文各省新定《筹饷事例条款》，规定捐纳文武各级职衔的价钱，可以比1826年的标准少一成，并由户部统一征收。咸丰三年（1853），太平军进军江南，清廷军费捉襟见肘，咸丰帝将职衔价格降为八折，并由户部预颁空白文武职衔及贡监执照发交各省军营粮台，随捐随发。咸丰四年（1854），各种职衔价格又降为七五折。职衔和功名卖得越多，价值就越低，买者就越少，捐纳收入必然下降。咸丰元年（1851）捐纳收入为111万两，咸丰二年（1852）为313万两，到咸丰三年（1853）就直线下滑到区区67万两。所谓捐输，就是由政府向捐款人出售官爵封典，或给予某种奖叙。咸丰三年（1853），清廷推出《捐输广额章程》，规定各省府州县按一定的指标在本地收捐，然后将征收的捐款汇总上缴，达到指标后可增加该区学额。增加学额又分永广学额和暂增学额两种。捐银一万两即增永广学额一名，府县增加永广学额不得超过十名，超过十万两后每续捐两千两则暂增学额一名。然而，“捐输之例，向因不得已而设。我宣宗（道光）文宗（咸丰）御极之初，首停捐例，当时以为美谈。嗣因发捻肇衅，饷需浩繁，始议推广捐例，然收数未见赢余”[①]。此外，清廷还通过铸造大钱、举借内外债、预征钱粮等各种手段来进行搜刮以满足军需，但效果均不佳。

① 刘锦藻:《清续文献通考》卷一百十五,民国景十通本。

在国库告急的情形下，清廷的军需主要依靠各省将协饷解款到广西、湖南等前线地区。咸丰三年（1853），太平军从湖南进入湖北、江西、安徽、江苏、浙江后，直接攻入清王朝的腹地，夺取大量清军的饷银与军备。如原拨湖广的军饷100万两，被太平军夺取70多万两。苏、鄂、浙、赣一向是拨协款给他省的财政有余之省，太平军在这一广大地区与清军展开长期的拉锯战，清政府丧失了最为重要的税源地。以江西九江关为例，“九江关税例向以木排为大宗，船料、淮盐次之，茶、竹又次之。此外别无应税之货。嘉庆、道光年间必木税一项逾其全额之半，加以各项，方能敷额。自咸丰三年木排被匪焚掠殆尽，历今十载，从未闻有贩运木排过关者。江西、两湖向食淮盐，自淮运梗阻，江西先改食浙盐，继改食粤盐，湖、广改食川盐，皆不由九江经过。间有小贩无照之淮盐行销，并不畅旺。至逐日来往船只，多系装运兵勇、军械，即有商贩，为数无几。核计现征船厘，每月收钱数千串，较之昔年船料十不及一”①。

咸丰三年（1853）六月，户部祁寯藻等上奏陈述当时财政的异常困窘：“部拨之款，以外省为来源；目前之急，以军需为最要。自广西用兵以来，迄经三载，经臣部奏拨军饷，及各省截留筹解，已至二千九百六十三万余两。移缓就急，提后尽前，罗掘之方，实已无微不尽。乃三城未复，久屯重兵，南路则窜扰江西，北路则蔓延皖、豫。粮台之设，至六

① 朱华：《沈葆桢文集》，福州市社科院、社科联，中共福州马尾区委宣传部，福州市船政文化研究会2008年版，第22页。

七处之多，请饷纷纷，日不暇给。加以福建之会匪未除，丰北之坝工复决。……军需迫不待时，指款悬而无薄。被兵省份，既已无可催征，而素称完善之区，如江苏则请缓征，山东则早请留用，山陕、浙江皆办防堵，是地丁所入万难足额矣。扬州久被贼占，汉口疮痍未复，淮南全纲不可收拾，是盐课所入去其大桩矣。芜湖、九江、江宁、凤阳先后被扰，夔关、苏关商贩亦多裹足，甚至崇文门亦请尽收尽解，是关税所入仅存虚名矣。此皆常年所指为例拨者，今以尽供军需，犹虞不足。于是约征不可恃，乃借助于捐输；捐输不可恃，乃乞恩于内帑。近来捐输之数，业已大减于前；内帑所藏，亦复不敢轻议。此外补苴之术，如停养廉，开银矿，提当本，收铺租，凡臣等管见所及，与在京臣工陈奏各事宜见之实行者，不下数十款。或只宜一试，或收效尚迟，有尽之经营，断不能给无厌之吁请。……现在户部银库，截至本月十二日止，正项待支银仅存二十二万七千余两。七月份应发兵饷，尚多不敷。臣等备员农部，多或十余年，少亦一二载，从未见窘迫情形，竟有至于今日者。若军务再不速竣，中外经费，同时告竭，臣等裕国无术，罪无可辞，而大局涣散，不可设想。每一念及，中夜彷徨。”①

由此可见，清廷已经深深陷入财政危机之中。周育民综合彭泽益的统计与王闿运《湘绮楼日记》的统计数字，估算出清政府镇压农民起义的奏销数分别是：镇压太平军，耗银

① 中国人民银行总行参事室金融史料组：《中国近代货币史资料（第一辑）：清政府统治时期（1840—1911）》上册，中华书局1964年版，第175-176页。

29 169万两；镇压捻军，耗银1152.5万两；镇压西北回民起义，耗银约11 889万两；镇压西南叛乱，耗银约7873万两；镇压两粤闽台人民起义，耗银约2233万两①。清政府仅为稳定国内政局的总军费至少在6.2亿~6.3亿两。彭泽益的估算则在8.5亿两左右②。如果取两者折中7.3亿两，周期以1851年太平天国起义开始至1873年西北平定的20余年计算，平均每年军费支出在3300万两以上。鸦片战争数千万两的军费与赔款开支已经让清廷焦头烂额，面对几十年如一日年均数千万两的军费，清政府传统的以奏销制度为核心的中央集权财税体系难以维持。

二、地方财权的崛起

在战争期间，军队无饷则军心不稳。随着奏销制度、存留起运制度与协款制度运转的失灵，中央集权财税体系逐渐失效。原归户部统一管理的各种项目均下移到地方政府，如捐输和仓库。捐输原本由户部控制，后因军情紧急发空白执照给各省地方军营粮台，捐输收入的统计、考核等权力均由户部转移到地方。地方仓库中的银或各种物资原归户部统一管理，因战时需要也被地方掌控。光绪十年（1884），李鸿章上奏说："道光以前每年赖有部拨协饷银三十万两以资挹注；自军兴以后，非特协饷停拨，且增出军需巨款，复有协济各

① 周育民:《晚清财政与社会变迁》,上海人民出版社2000年版,第153页。

② 彭泽益:《十九世纪后半期的中国财政和经济》,中国人民大学出版社2010年版,第103页。

路军营粮饷，力更不支。咸丰四年二月户部奏令，无论藩库、属库，坐支、存留各款，均应速行筹备军用，并钦奉朱批，敕将本省钱粮作为本省军需等因，不得不就藩库所有之款，竭力挪移，先其所急。然顾此失彼，遂致常年支项本无款可放，因又辗转借垫。从此年复一年，库款日形支绌。借垫愈积愈多，数至一千二百四十余万。内有一项发款，零星借动数款者；有将他款所借之项未及支发，又移作此款借用者；有专款收存，俟集有成数归还原借，续遇急需又经借用者。”①在本省钱粮供应本省军需的原则指导下，除了必须解京和协济的款项外，其他全部由各省自行支配，所以挪用库款的情况屡有发生。根据李鸿章的说法，从咸丰四年至光绪十年（1854—1884），直隶挪用藩库库款累计达1240万两。

清廷无力筹款支持战争需要，不得不让各地军队另起炉灶，在财政上自寻出路，地方政府的财政权越来越大。在奏销制度下，所有税赋均须经过朝廷审核，其他附加税都是非法收入。随着大规模战争的持续进行，清廷允许地方政府采用各种方式自行征收各种税捐以满足军需。咸丰元年（1851），咸丰帝考虑到各省筹拨银两到广西可能迁延推诿，往返耗时，便下谕要求：“无论何项银两，一面先行速筹拨解，一面具折奏闻。不得以未奉谕旨或未接部文致有迟误。”②咸丰二年（1852），咸丰帝下谕规定团练乡勇募民壮时的“所需经费，著准其在于藩库正项下留备银十万两以济急

① 顾廷龙、戴逸：《李鸿章全集》奏议十，安徽教育出版社2008年版，第667页。

② 王先谦：《东华续录(咸丰朝)》咸丰八，清光绪刻本。

需”[①]。这表明，清廷对地方筹款的控制至迟在此时已开始放松。

比如广东的闱姓赌捐，一直被政府所禁止。郭嵩焘任广东巡抚后，上奏朝廷说：“粤东赌风甲于天下，名目至不可胜纪。每届乡试年分，预卜榜上姓氏多寡，以决胜负，名曰榜花，亦名闱姓。虽借科名角采，与开场聚赌者有别，要亦赌博相沿之恶习。上年甲子科乡试，臣嵩焘与前督臣毛鸿宾先期出示严禁，省城内外，无敢开设闱姓标厂者。竟有天和等店，倚附香港地方，私自开设……经饬广州府拿获到案……该店自知罪戾，情愿比拟纳赎例，认罚军饷银十四万两。臣等以该店既经承认罚捐军需，援法揆情，尚属可原，又值军饷搜括殆尽之余，亦得暂资急用，当即饬行各局司、道、首府县，催令将罚项陆续缴局，统归措备军饷数内……”[②]表面是以罚代禁，实际上是征收附加税，默认其合法性。光绪初年，两广总督张树声就点明：“郭嵩涛罚缴闱姓军需银十四万两。至十年十一年间，前督臣瑞麟前抚臣张兆栋复提案罚缴银三十二万三千五百两。名曰罚款，实则抽分赌馆余利而已。先后六年，公家所得者四十六万三千余两，而文武衙门地方绅董所婪索分肥者，闻不啻数倍之国家岁入。”[③]再如地方政府私自举借外债，不入奏销，不报户部。最早举借的外债是咸丰三年（1853）上海道吴健彰雇募夷船粤勇镇压小刀

① 王先谦:《东华续录(咸丰朝)》咸丰十六，清光绪刻本。

② 郭嵩焘:《郭嵩焘全集》四，岳麓书社2012年版，第523页。

③ 何嗣焜:《张靖达公(树声)奏议》，台北文海出版社1973年版，第10–11页。

会起义向洋商举借的外债[①]。随后，福建、广东、江苏等地均举借外债以作临时经费。

捐输、捐纳、外债等，都是临时性的筹款手段，不具有可持续性。真正造成地方财权崛起的是厘金制度。咸丰三年(1853)，雷以诚在扬州江都仙女庙首办厘捐。很快厘金便推广至全国，成为湘军、淮军等新兴武力之军饷的主要来源。在形式上，厘金仍按照奏销制度向户部呈报，但实际款项出入明细，清廷无从得知。往往是地方先斩后奏，甚至拖延数年乃至十数年，户部仅走形式上的程序，完全丧失了审核、批准等权力。郭嵩焘曾说：厘金“各省，或办或不办，或办之有效，或竟无效，一听督抚之自为经理，均无一定之程式强之以必行”[②]。贾士毅也认为：“咸同以来，时事多故。疆吏以军糈紧迫，每多就地筹款之举，而原有之款则仍遵照旧制奏报，谓之内销款项。其新生之款，则由各省自行核销，谓之外销款项。而外销各款不尽为地方政务之用。核与今日地方税之性质殊难强同。”[③]新增的厘金等各种苛捐杂税多列为外销，地方政府完全独立自主地自由支配厘金收入。

在这一情形下，户部之财政权日轻，地方督抚之财政权日重。光绪时，户部曾上奏埋怨说：“窃以臣部总揽天下财赋，凡有大军大役用款向由部拨，以及各处如有他项动支不

① 中华人民共和国财政部、中国人民银行总行：《清代外债史资料：1853—1911》上册，1988年版，第1-3页。

② 郭嵩焘：《郭嵩焘全集》四，岳麓书社2012年版，第199页。

③ 贾士毅：《民国财政史》上册，商务印书馆1934年版，第128页。

在常例之内者，亦必随时咨报核定。故户部则例内载‘凡各省协拨饷银及别有急需应协济者，倘藩库不敷或动盐课或请内帑，由部随时具奏’等语，诚以臣部为钱粮总汇，凡有出入悉宜周知，慎重库储之道，必出于此也。咸同以来，各省军务倥偬，部拨款项往往难于立应。疆臣遂多就地筹款以济军食，如抽厘助饷之类，因而一有缓急，彼此自相通融协借，不尽咨部核覆，然亦以其系就地自筹之款，与例支之项无碍，故臣部亦无从深问。近年库款支绌，各省皆然，任事之臣知臣部筹措之难，动辄自行电檄各省，求为协济，其意不过在外销款内匀拨，而各省亦不尽能另筹的款，遂将例支正项及报部候拨者挪移擅动以应之。迨臣部查知而款已动用，往返驳诘，迄难就绪，诚恐日久难以限制……”[①]由此可见，尽管在制度上地方并未产生合法的财政权力，但在实际运作中，咸同之际地方财政的崛起已成为事实。

第三节　洋务运动与地方督抚

一、洋务运动对地方督抚权力的加强

在晚清长期的内外战争中，曾国藩、李鸿章、左宗棠等湘淮系的督抚，将地方行政权、军队统帅权集于一身。清廷中央逐渐丧失了对能战之师的直接统辖权。战后各地封疆大

① 上海商务印书馆编译所：《大清新法令：1901—1911（点校本）》第四卷，商务印书馆2011年版，第147页。

吏大多是由曾国藩、李鸿章、左宗棠等人保举的战时湘军、淮军将领担任。比如曾国藩曾保举了全国8个总督中的5个、15个巡抚中的9个。清廷中央控制的人事权被架空，吏部铨选成为形式上的程序。战争结束后，地方督抚又将原来所控制的军费收入大量转移到洋务运动中，巩固甚至扩大自己的财政权力。

洋务运动，又称自强运动、洋务新政、同光维新。在镇压太平天国起义的过程中，湘军、淮军大量使用西洋武器，并雇用外国军人参加作战，如华尔、戈登洋枪队。以曾国藩、李鸿章、左宗棠等人为首的湘淮集团的军事与政治首脑见识了西洋科技的强大威力，在太平天国起义尚未结束时便试图将西洋技术移植于中国，由此展开了一场持续三十余年的洋务运动。办洋务的根本目的如李鸿章所说："取彼之长益我之短，自强之基莫大于是。"[①]1861年，曾国藩创办安庆内军械所，招揽华蘅芳等国内专家，打算自造枪炮和轮船。洋务运动由此拉开序幕。洋务运动先后创办了各种大大小小的军火、军舰制造等军工企业34个，总经费约5700万两。到1894年尚存25个，支用经费约5600万两。其中厂房机器制造设备经费约1600万两，购买或仿造机器的经费约700万两[②]。

创办军工企业的直接目的是战时为军队大批量地供应军火。如李鸿章在同治三年（1864）上奏朝廷的奏折中谈到之所以创办上海洋炮局，是因为淮军"先后购觅西洋炸炮，每

① 顾廷龙、戴逸:《李鸿章全集》奏议六，安徽教育出版社2008年版，第412页。

② 樊百川:《清季的洋务新政》，上海书店出版社2003年版，第1526页。

月操练攻剿需用炸弹甚多，不能不添设制造局分济应用”[①]。汉人地方督抚在军工事业上的进展，引起朝廷满人贵族的警惕。同治三年（1864），总理衙门恭亲王奕䜣等中央官员，以“练兵之要，制器为先”[②]为由，挑选北京火器营的八期武弁和兵丁到李鸿章的洋炮局学习制作外国军火。第二年，奕䜣等人试图派遣满洲贵族子弟留学海外直接学习军工制造，以摆脱地方督抚对外国军火的垄断[③]。这引起李鸿章等汉族大员的警惕。李鸿章找出各种托辞反对奕䜣等人的建议，最终还是将军工制造与调拨权力掌握在自己手上。

晚清的军火工业规模较大的四家分别是江南制造局、金陵机器局、天津机器局和湖北枪炮厂。其中，湖北枪炮厂创建较晚，是由张之洞创办的。江南制造局的规模最大，由李鸿章创办并控制。天津机器局由崇厚创办，后被李鸿章接办和控制。江南制造局、天津机器局的人事、经费报销、督察等各种权力完全被李鸿章直接控制，清廷无从直接过问。金陵机器局由李鸿章创建，后由刘坤一、曾国荃等湘军系统的官员控制。其他大大小小的军工局厂亦由各地督抚尤其是湘淮系出身的督抚掌控。

这些军工局厂的经费最初多来自各地督抚掌握的自筹军费。如创办江南制造局时，李鸿章的淮系军队正在镇压皖北捻军。李鸿章将该军军饷的一部分腾挪出来，用于江南制造

① 顾廷龙、戴逸：《李鸿章全集》奏议一，安徽教育出版社2008年版，第544页。

② 顾廷龙、戴逸：《李鸿章全集》奏议一，安徽教育出版社2008年版，第544页。

③ 顾廷龙、戴逸：《李鸿章全集》奏议二，安徽教育出版社2008年版，第200页。

局生产各种枪炮和弹药。该局生产的军工产品再拨给仍在作战的淮军使用。金陵机器局初创时的经费也来自淮军军需项下，所造产品亦归淮军使用。同治四年（1865），李鸿章承认："臣与洋将共事数年，彼视军火枪炮为行军第一重大之事，中国将领往往隔膜置之，无怪军威不能自振。臣军所向，则以此为命脉关系，诚不敢轻以付托，此军火恐不能常接济之实情也。"[①]这说明军工局厂既是淮军存在的基础，也是李鸿章权力的根基。李鸿章任直隶总督兼北洋大臣时，带了一批淮军至北方驻防。这些淮军的军火有一部分由天津机器局提供，该局经费则由李鸿章筹措。这时江南制造局和金陵机器局制造的军火，才由专供淮军扩展到供应驻防南方的湘淮系以及各种朝廷经制兵使用。

再如天津机器局原本是清廷中央意图自己控制的军工企业，主要目的是为直隶练军及八旗神机营供应西洋军火。天津机器局经费主要来自"动拨津海、东海两关四成洋税作正开销"[②]。李鸿章控制该局后，经费未变，但"津局承造（仿造）军火，供给北洋海防诸军，兼备各省咨取，均属要需"[③]。虽然明面上允许各省咨取，但李鸿章以"遵查天津机器局制造经费，向来仅指海关四成洋税，入不敷出"为由，将"所造药帽子弹等项，专供直东淮练各军操防之需"[④]。天

① 顾廷龙、戴逸：《李鸿章全集》奏议二，安徽教育出版社2008年版，第304页。

② 顾廷龙、戴逸：《李鸿章全集》奏议九，安徽教育出版社2008年版，第226页。

③ 顾廷龙、戴逸：《李鸿章全集》奏议十，安徽教育出版社2008年版，第164页。

④ 顾廷龙、戴逸：《李鸿章全集》奏议十，安徽教育出版社2008年版，第21页。

津机器局最终还是成为专为淮系军队生产军火的企业。

李鸿章如此，各地督抚亦然。各地军工局厂多由各督抚以自己所掌握的财政收入供养，专门为自己控制的军队生产所需军火。因此，洋务军工企业的创办不仅为各地督抚巩固战时获得的财权提供了绝好的借口，也为增强自己的军事实力提供了物质保证，但清廷并不希望见到这样的局面。

二、洋务新企业与奏销旧制度之间的矛盾

自太平天国起义被镇压后，清廷中央一直试图将地方督抚的洋务企业收支与核算纳入中央集权的轨道上来，即纳入传统的奏销制度中来。传统的奏销制度之所以可以控制全国财政，最为重要的一个特点是：地方奏销册在户部审核依据的是历朝编修的《赋役全书》。换而言之，奏销必须要有标准，这个标准根据过去的历史情况进行编制，要么有则例，要么有先案可考。洋务企业的奏销既没有则例可遵循，亦无先案可供参考。即使地方准确地将洋务企业的收支明细上交户部，户部也缺乏专业人员进行核算。因此，军工局厂创立之初只能在奏销册的军需项下报销。

到光绪朝，清廷根据洋务企业的新特点和新情况，多次下谕改进洋务奏销的办法与程序。为了编修则例，清廷推行洋务企业开支立案制度，即所有外洋机器的购置和员工的雇用等经费必须先奏明报部立案，然后才能造册奏销户部进行核销。清廷试图设立洋务企业的经费标准，并以此标准审核洋务企业的生产经营活动。但是，军需奏销本身就拖延多

年，战后奏销存在的问题重重，洋务奏销随之也难以梳理清楚。

洋务运动军工企业的实际运作方式正如樊百川所指出的："依靠奏拨、指拨而来的经费，进行制造，分配制品，再收取新经费，再制造新制品，再继续分配，这样连续重复的循环方式，进行着再生产。这里只有经费的不断耗费，而无须商品生产者原来本钱的增值。体现这种经费不断耗费的方式，则是按年度'实用实销'的报销制度，而不是已经增值了的新的生产本钱。于是，源源而来的经费的'实用实销'，便成了维系这批军事工业生存和连续制造的生命源泉……"[①]

所谓"实用实销"也就是实用实销，开单奏办。实用实销指的是，报销清单中所有工厂建设、机器制造等各项工程项目的支出经费，只计算所用物料的直接材料成本和所用工人的直接人工成本，其他洋员、洋匠、委员、司事等人工资的管理费用以及其他不能直接分配到某项具体工程的各项间接费用，都作为单独列出的开销项目，不再具体分配到某个工程项目上，也不计入某项工程的实际成本。开单奏办指的是，这些洋务企业的经费开支，不管其来源如何，均作为政府财政支出，每一个财政年度将其支用款项按一定的会计项目，根据实际情况开列清单，然后再向清政府奏准其开销。换而言之，这些军工局厂的经费并非清廷中央事先核准再拨款，而是根据控制这些企业的督抚所能腾挪支持的经费来进行生产，事后再向清廷中央汇报。这就意味着，军工局厂的

① 樊百川：《清季的洋务新政》，上海书店出版社2003年版，第1531–1532页。

运营与督抚的财权有关，督抚的财权越强，经费便越多，生产也越多，反之经费则越少，生产亦越少。

实际运作的情况与清廷中央将洋务活动纳入中央奏销制度的目标完全背离。造成这一结果的原因主要在于三个方面。首先，生产成本难以预先核算。生产的机器和原材料大多来自国外，比如福建船政局的造船原料多来自进口，这些进口机器和材料的价格由国际市场决定，价格涨跌不定，即使是相同的材料，在不同的时间价格也不完全一致。此外还有外债因素的影响，这些使得并不熟悉外洋事务的清廷难以预先做出财政预算。其次，军工局厂委员、司事、洋员、洋匠等职务与人员是近代企业的新兴事物，工资既无法找到历史先例，也无相应的现实参照系，也就是没有定例可以遵循。最后，这些军工局厂所造的各种军火、军舰并未在市场出售，而是直接分配或以低廉的协款为代价转让给督抚控制的陆海军队，既无法判断各种成本费用是否合理，也无法衡量生产效率的高低，这就导致清廷中央无法事先做出合理的成本或财政支出的预算。在这种情况下，户部的奏销审核变成了一纸具文。清廷中央不得不允许形式上的洋务奏销制度与实际上的事先立案、事后报销成为常态。

究其根本原因，洋务运动中的新型军工局厂具有近代工业企业的特点，奏销制度则是农业社会的旧产物，两者之间存在着不可避免的天然矛盾。奏销制度原本主要针对田赋等农业税，也就是农业。除偶尔发生的水旱蝗灾之外，农业经济一般以年为单位周而复始地循环，在技术水平一定的条件下，财政收入与核算都可以事先根据《赋役全书》详细推测出来。以军政为主的财政支出也可以根据量入为出的原则控制在一定范围内，严密的奏销制度自然可以运作起来。但是，洋务新企业不存在与农业一样的以年为单位的周期性循环规律。工业企业的生产经营活动比农业经济活动要复杂得多，其材料成本、人工成本的变动无法像田赋一样能够做出准确、周密而详细的预测，这主要是因为海关税和督抚控制的厘金等洋务企业的经费来源并不像田赋一样稳定，以奏销制度这样详细而周密的财政预算制度来规定洋务新企业的生产运作是难以实现的。

清廷中央在这一局面下，只能维持洋务奏销的形式，而在实际上不得不有所变通，允许实报实销，开单奏办。最终，清廷中央对洋务企业只有大致粗略的了解，完全做不到财务上的精细控制和审核。举办洋务新政的地方督抚巩固并扩大了在战时获得的实际财权，并对军火生产保持强大的控制力。

自19世纪70年代开始，洋务企业逐渐转向以盈利为目的的民用企业，所获利润成为地方督抚的收入来源。这一局面被20世纪初日本的研究者描述为：“所称为中国者，实非一完全整齐之帝国。其二十一行省之地，俨若分为二十一国，而皆各有半独立之象。又复各相联络，而后成此散漫无纪之国也。斯言也，证之于各种政事上皆得显其实矣，而以财政为尤著。”[①]中央督抚控制的省级财政实质上已经部分从清廷中央财政中独立出来，其中的外销款项不报户部，也不承担中央政府的财政责任。此外，各省的基层州县财政与督抚的省级财政也是若即若离。简而言之，从清廷中央到省级督抚，再到基层州县，形成了各自具有一定独立性的财政系统。这一格局的形成为清朝的灭亡与民国初年的军阀割据奠定了经济与财政上的基础。

第四节　清廷重建中央财政集权的举措

一、清廷收回地方财权的努力

战后，清廷一直都在尝试收回地方财权。1864年5月，清廷首先从田赋开始，朝廷下谕：“议政王军机大臣等户部奏豫《筹江南财赋以纾国课》一折，据称东南地利素饶，自遭兵燹，一切应办事宜均未举行。见在皖北肃清，江苏境内亦将克期底定。亟宜厘定成规，以为长治久安之计。查厘捐一款，有碍正赋，应请将从前粮捐、亩捐、草捐、花布捐等项概行禁止。至正赋钱粮除蠲缓外，务令认真收纳，年清年款。”[②]这是要求曾国藩、李鸿章等人整顿江南田赋，以田赋

① 日本东邦协会:《中国财政纪略》,广志书局1902年版,第1页。转引自汪林茂:《清咸、同年间筹饷制度的变化与财权下移》,《杭州大学学报》1991年第2期,第121页。

② 王先谦:《东华续录(同治朝)》同治三十三,清刻本。

取代战时的各种附加税。此后，清廷将田赋整顿逐渐推行到全国各省，一直持续到光绪初年。这些措施使田赋有所增加，中央财权有所扩大。

清廷还对盐税和海关税进行清理整顿，都颇见成效。清廷中央最希望收回的是厘金收入。在地方政府的压力下，清廷正式将厘金由临时厘捐改成正税，并将洋药厘金改由海关征收，收回了部分地方控制的厘金收入。然而，清廷中央并不能完全收回地方财权。其原因主要在于两方面：其一，地方督抚显然不会完全放弃所获得的地方财权，地方行政、洋务新政、编练新军等地方支出的巨大需求使地方督抚多以本地利益为准。地方督抚通过隐瞒地方财政收入、拖延规避等各种手段对中央的要求敷衍了事，清廷中央不得不向地方督抚妥协。其二，清廷中央与地方督抚都无法严格控制基层州县官员的财政运作，基层州县政府财政自成体系。

清廷中央对地方督抚的妥协主要体现在中央专项经费制度与税收分成制度上。所谓专项经费是指，清廷中央为某事而规定的专用经费，这笔经费分摊到各省。这是中央在承认地方财政利益的前提下，确保中央财政需要的妥协之举。清廷中央按照所掌握的各省确有款项来指拨，指拨后的余款不予过问。所谓税收分成是指，清廷中央与各省督抚就某税按比例分割，如四成洋税。1860年，中英《续增条约》第三款规定："赔偿各项，大清大皇帝允以八百万两相易。其应如何分缴，……其余银两应于通商各关所纳总数内分结，扣缴二成，以英月三个月为一结，即行算清。”[①]英法两国共扣缴四成洋税用于偿付第二次鸦片战争的英法赔款。这笔赔款在1866年偿清后，直接起解户部，由清廷中央支配。剩余的六成洋税按照规定留存各海关，由清廷中央与地方共同支配，但总的来说清廷中央占有主导权。

光绪初期的财政整顿让清廷财政状况好转，中央与地方督抚在数十年间相安无事。到了19世纪90年代中期，由于甲午战败、《马关条约》的签订，巨额的对日赔款让清廷陷入严重的入不敷出的困境。清廷中央试图清理整顿各地督抚隐匿的外销款项。光绪二十三年（1897）十一月，清廷中央下谕：“兹据刚毅面奏，今天下之急，莫如练兵、筹饷。练兵须练可用之兵，筹饷须筹常年之饷。……今欲筹兵饷，应先由户部查明咸丰三年以前各省岁入、岁出之数，原有入款不准欠，原有出款不必裁。其三年以后续增入款曰厘金、曰杂税、曰洋关、曰土药……应饬户部查明续增入款、出款共有若干，可裁则裁，可减则减，务将练勇之空额开除，厘金之中饱严杜。余如盐场糜费，冗员薪水，出使经费，机器各厂杂支，均各减定数目，不许滥支滥用，庶款不至难筹等语。……惟是外省用款，疆吏实总其成，着即严饬在事各员，厘剔弊端，力除中饱，尤须正己率属，以期大法小廉。应如何认真整顿，集成巨款……”[②]该年年底，户部迫于筹款

① 王铁崖：《中外旧约章汇编：1689—1901》第一册，生活·读书·新知三联书店1957年版，第144–145页。

② 王彦威、王亮：《清季外交史料》，湖南师范大学出版社2015年版，第2509页。

困局上奏说："各省厘金中饱，弊在承办委员不肯和盘托出。……人言藉藉，佥谓各省厘税实收之数竟数倍于报部之数矣。……上谕饬令各该将军督抚激发天良，认真整顿。各该将军督抚，自不致仍前泄沓，惟是外销之数，若不和盘托出，则厘税实收之数，亦终不能和盘托出。臣部总握度支，各省岁出岁入，不合藏头露尾，致臣部无可勾稽。即外销款目不能骤议全裁。亦宜咨报臣部，权衡缓急，庶几内外一气，共济时艰。"户部要求清廷中央"饬下各省将军督抚，一面将该省外销各款数目，向来取给于厘税者，据实奏明，分别裁减。一面将各该省所收百货厘、盐厘、茶厘及常税、杂税等项银钱数目，据实报部，毋事欺饰。统限奉旨后三个月奏咨，不得违逾。自光绪二十四年正月起，按季具报。……倘经此次通饬之后，各省仍有隐匿甚或巧立名目，谬称入不敷出，则典守之官不能辞咎"[①]。但是，各省督抚反应寥寥。

当时的清廷中央财政已经到了山穷水尽的地步。清廷中央于光绪二十五年（1899）四月再次下谕强调："近日朝廷整顿庶务，于筹饷一事尤在所当急。各省关税、厘金、盐课等项取之于民，岁有常经，倘使各督抚能认真整顿，裁汰陋规，剔除中饱，事事涓滴归公，何患饷源不济？无如封疆大吏瞻徇情面，不能力祛因循积习，以致委员司巡人等窟穴其间，种种侵欺，难以枚举。……着大学士、军机大臣、六部九卿，将各省关税、厘金、盐课详加查核，应如何杜绝弊端，裨益饷项，总期朝廷不加取于民而国用藉资挹注，以维

①《司农奏牍》,《湘报》,1898年第12期,第46页。

大局而济时艰。”[①]与此同时，清廷中央派出军机大臣刚毅作为钦差，重点巡视清查广东、江苏两省的外销款项与中饱情形。刚毅奏称，在广东从外销及新旧加增节省盈余等款筹出常年饷银160余万两[②]。此外，他自称在江苏筹款约120万两。但两江总督刘坤一认为，江苏合省只能上缴110万两。后任两广总督的李鸿章上奏说：广东财政盈余夸大太多，要求减免30万两。到了光绪二十六年（1900），当时的两广总督陶模只同意每年认缴92万两。刚毅的巡查成果也只有200余万两而已[③]。然而，其他各省大多以地方财政困难等借口为由，再三推诿，敷衍了事。如浙江巡抚就声称：“浙省厘金中饱之弊先已严加厘剔。兹臣详稽原案与司局再三筹商，若复再事搜罗，未免竭泽而渔。贤者无能为役，不肖者必将别肆诛求，始而病商，终而碍厘。……向以本省所筹供本省所用公用。……年来入少出多，时形竭蹶。”[④]

清廷寄希望于刚毅的南下巡查能够收回部分地方财权，而刚毅巡查的成果只是暂时搜刮了地方上的外销及报效等款项，并未对国家财政体制产生任何方向性的实质影响。关键问题是，在中央控制力不足的情况下，财政清理必须要获得

① 清华大学历史系：《戊戌变法文献资料系日》，上海书店出版社1998年版，第1361页。

② 朱寿朋：《东华续录（光绪朝）》光绪一百五十六，清宣统元年上海集成图书公司本。

③ 周育民：《晚清财政与社会变迁》，上海人民出版社2000年版，第355–356页。

④ 刘树堂：《查明浙江省厘金关税盐政厘剔中饱裁减外销提归公用集有成数恭折》，《申报》1900年3月13日。

地方上的配合，否则必然无功而返。然而，对地方的财政清理要动摇地方督抚和基层州县官的既得利益，必然遭到地方上的强烈抵制。因此，清廷试图收回地方财权的努力无法从制度上得到根本的改善，而中央与地方的矛盾却因清廷的中央集权意图而日益加剧。

二、铁良南下与地方财权、军权的削弱

清廷中央与地方之间的财权之争在庚子之变后逐渐明朗。庚子之变时，两江总督刘坤一、湖广总督张之洞、两广总督李鸿章、闽浙总督许应骙、浙江巡抚刘树棠、浙江布政使恽祖翼、四川总督奎俊、成都将军绰哈布、铁路大臣盛宣怀、山东巡抚袁世凯，公然抗命朝廷，和八国联军达成和平协议，史称“东南互保”。刘坤一、张之洞、李鸿章是“东南互保”的核心人物，刘、张二人均有地方编练的新军作为独立的地方军事力量。“东南互保”将中央与地方之间的矛盾在明面上表现出来，清廷的中央政治权威遭受沉重打击。

为挽救摇摇欲坠的统治，光绪二十六年（1900）十二月，清廷下谕宣布变法，实行新政：“世有万古不易之常经，无一成不变之治法。……盖不易者，三纲五常，昭然如日星之照世。而可变者，令甲、令乙不妨如琴瑟之改弦。……大抵法积则敝，法敝则更。要归于强国利民而已。……近数十年，积习相仍，因循粉饰，……一切政事尤须切实整顿，以期渐图富强。懿训（慈禧）以为取外国之长乃可补中国之

短，惩前事之失，乃可作后事之师。”[①]

外有虎视眈眈的列强，内有蠢蠢欲动的地方势力，清廷新政的首要任务是加强武力以重树中央权威，具体行动便是练兵与筹款。光绪二十九年（1903）十月十六日，清政府鉴于当时国际形势上日俄两国在中国领土的对峙危机以及军队领导不统一、装备不划一，平时不能集中训练，战时不能有效统一指挥等原因，决定在北京设练兵处，以改变地方督抚勇营的状况。上谕说：“前因在各直省军制操法器械，未能一律，迭经降旨，饬下各督抚认真讲求训练，以期划一。乃历时既久，尚少成效，必须于京师特设总汇之处，随时考查督练，以期整齐而重戎政。著派庆亲王奕劻总理练兵事务。袁世凯近在北洋，著派充会办练兵大臣。并著铁良襄同办理。该王大臣等，受恩深重，务当任劳任怨，认真筹办，以副朝廷力图自强之至意。”[②]清廷中央准备在全国扩编中央控制的三十六镇新军，逐步淘汰或替代各地旧军和地方新军，以削弱地方兵权，加强中央权威。

练兵在于筹款。光绪二十九年（1903）三月二十五日，清廷设立财政处，颁布上谕称：“从来立国之道端在理财用人。方今时局艰难，财用匮乏，国与民俱受其病，自非通盘筹划，因时制宜，安望财政日有起色。著派庆亲王奕劻、瞿鸿禨会同户部认真整顿，将一切应办事宜悉心经理。……应

①《庚子莽蜂录》卷上，清钞本。

② 朱寿朋：《东华续录（光绪朝）》光绪一百八十三，清宣统元年上海集成图书公司本。

明定画一银式，于京师设立铸造银钱总厂。俟新式银钱铸成足敷颁行后，所有完纳钱粮、关税、厘捐一切公款，均专用此项银钱。使补平申水等弊扫除净尽，部库省库收发统归一律，不准巧立名目，稍涉纷歧。……总之，此举为国家要政，上下交益。”[①]设立财政处的目的在于加强财政和货币的中央集权。

地方督抚不愿为清廷提供额外的经费来削弱自己的军权与财权。没有地方督抚的配合，财政处就不能发挥财政清理的作用。清廷的财政在此时已困窘到极点。京汉路养路处机器厂总办、上海三新纱厂总办陶湘致盛宣怀的信中说：慈禧“因筹款事几至寝食皆废。所以停止祝寿，所以廷谕京外各官竭力裁并，严提州县中饱。……又饬各省无论报效巨细各款，均归户部另存，归练兵经费。各言路揣摩上意，凡参劾搜括，莫不以练兵为宗旨，冀动圣听”[②]。

恰在此时，日俄战争的爆发给清廷对地方势力的削弱与财政清理提供了一个良机。日俄战争的进程让各地督抚大臣认识到军工企业不应设于沿海地区，这是因为一旦发生战争，沿海地区易受攻击，对于作战不利。光绪二十九年（1903）二月，张之洞上奏朝廷说：“光绪二十三年十二月今大学士臣荣禄复奏请将江南制造局设法移赴湖南近矿之区，钦奉上谕：‘近来中国战舰未备，沿海各地易启他族觊觎。从

① 刘锦藻：《清续文献通考》卷二十一，民国景十通本。

② 陈旭麓、顾廷龙、汪熙：《辛亥革命前后——盛宣怀档案资料选辑之一》，上海人民出版社1979年版，第12页。

前制造局厂多在江海要冲，亟应未雨绸缪，移设堂奥之区，庶几缓急可恃。著各就地方情形，认真筹办，总期有备无患，仓卒足以应变。等因。钦此。’……近年黄浦江中、吴淞口外为各国兵轮所萃，遇有中外战事，辄阻我军火装运出口，致不能接济他处，甚或以兵舰驻泊近厂江面，以相伺察……”，“兹选得皖省宣城县属湾沚镇迤东之启发山”，“依山远市，上运鄂厂之铁，近取宣城之煤，既便转输，永无惊扰，尤为得地”[①]。第二年，张之洞与两江总督魏光焘商议之后，再次催促早日搬迁江南制造局并将迁移目的地换到了内陆深处的江西萍乡湘东，他在奏折中说：“今年较之去年尤为变动莫测，则军实关系紧要情形，今年较之去年尤为急迫难缓，自宜迅速定议举办。”“萍乡县属之湘东地方，……似此地势既属深邃，运道亦极畅通，洵为两全。”[②]

江南制造局一向是地方督抚的钱袋子与军火库。清廷趁机派出兵部左侍郎铁良南下长江流域的省份，调查各省财政，考察地方军队，目的是清理地方兵权与财权。就在铁良南下着手巡查时，清廷突然将两江总督魏光焘与闽浙总督李兴锐互调。魏光焘是当时在世的湘系首领之一，他坚决反对清廷在兵权与财政上的中央集权政策。调离魏光焘后，湘系旧部或被解散，或被整编，自太平天国起义后湘系势力在江

① 苑书义、孙华峰、李秉新：《张之洞全集》第三册，河北人民出版社1998年版，第1561，1562，1568页。

② 苑书义、孙华峰、李秉新：《张之洞全集》第三册，河北人民出版社1998年版，第1602，1605页。

南几十年的盘踞之势一朝被打破。随后，张之洞的湖北新军亦被改造，而张之洞本人很快就被调进中枢担任军机大臣。江南制造局也由清廷练兵处直接控制。铁良顺利完成任务的一个重要原因在于，湘淮系德高望重的名臣老将多已凋零，所以清廷此次清查的阻力较小。

铁良财政清理的筹款工作获得了一定的成果。他在魏光焘处获取的款项有：制造局逐年正款及各杂项余银80万两，上海3年未解武卫军协饷78万两，苏州藩库中沙洲常年出息银17万两。在张之洞处获取的款项有：原备提取银100万两，湖北土膏捐200万两。两处共搜刮了现银475万两[①]。八省土膏统捐的筹办是铁良财政清理最大的成就。原本土膏厘金在各省税率不一，有高有低。商人为了降低流通成本，会绕过税率较高的省份而从税率较低的省份经过。各省之间为了提高税厘收入，竞相降低税率来吸引税源，从而形成了恶性竞争的局面。1903—1904年，张之洞先在湖南、湖北试办统捐，后又联合湘、鄂、赣、皖四省合办土膏统捐，从而统一了税率，提高了各省税收。铁良十分觊觎土膏统捐的收入，他上奏建议由户部、练兵处来统一管理南方湘、鄂、皖、赣、苏、闽、粤、桂等八省的土膏统捐。地方势力不愿将此巨额收入转交给清廷，经过一番明争暗斗后，各省与中央达成妥协，将大部分土膏统捐收入上缴清廷，用于练兵。随后，清廷又将八省土膏统捐办法推广到云南、四川、贵

① 宫玉振：《铁良南下与清末中央集权》，《江海学刊》1994年第2期，第151-156页。

州、重庆等其他地区。

铁良的南下巡查起到了一定的效果，清廷中央以各种统办的形式确实收回了部分地方财权，加强了中央集权。地方督抚因财权与军权独立而逐渐脱离中央控制的趋势被逆转，尤其是“东南互保”之后，地方督抚不听清廷中央号令的情况得到极大改善。但是，冰冻三尺非一日之寒，地方督抚在财政与军事上的独立性并未从根本上得到解决[①]，而各地兴起的资产阶级宪政潮流让清廷重建中央集权财税体系的努力更是举步维艰。尤其值得注意的是，在庚子之变中，清廷控制的全国最为精锐的武卫军大多消耗殆尽，只剩下袁世凯的武卫右军。而清廷对地方财权与兵权的削弱，进一步加强了袁世凯的势力，为北洋集团的崛起埋下了伏笔。

① 在财政上，地方仍然保持着实质上独立的财政收入和税收机构；在军事上，除少数军队外，其他仍由地方督抚自行招兵、发饷和训练。

第三章　清末民初的财政统一与分裂

第一节　清末新政的财政集权与军事失控

一、清末新政的财政集权举措及后果

1905年，日俄战争的结果让全国上下均以为是日本的宪政政体打败了俄国的专治政体，这直接触发了清末的宪政改革。此时，湘淮系的重臣老将多已凋零，震惊于“东南互保”运动的清廷试图借变法新政之机彻底收回地方的各种权力，尤其是军权和财权，期望在引入西方财政制度的基础上重新建立中央集权的财税体系。光绪三十二年（1906）七月，慈禧以光绪名义发布上谕表示：“时处今日，惟有及时详晰甄核，仿行宪政，大权统于朝廷，庶政公诸舆论，以立国家万年有道之基。但目前规制未备，民智未开，若操切从事，徒饰空文，何以对国民而昭大信？故廓清积弊，明定责成，必从官制入手。应先将官制分别议定，次第更张。将各项法律详慎厘订，而又广兴教育，清理财政，整顿武备，普

设巡警，使绅民明晰国政，以预备立宪基础。俟数年后，规模粗具，查看情形，参用各国成法，妥议立宪实行期限，再行宣布天下。”①

清廷将新政的突破口放在官制改革上，地方官制由于人事关系盘根错节难以直接改革，只能先从中央官制的改组入手。光绪三十二年（1906），清廷将户部改为度支部，并将财政处并入。光绪三十四年（1908）八月，度支部、宪政编查馆奏定《清理财政章程》②。该章程共有八章三十五条。其总纲首先规定“清理财政，以截清旧案、编订新章、调查出入确数，为全国预算决算之预备”，并规定由度支部设立清理财政处，各省设立清理财政局，专办清理财政事宜，度支部清理财政处由度支部选派司员分科办理。清理财政处的职责为：“开列各省出入各项条款，发交各省清理财政局分别调查。综核京外光绪三十四年分出入款项详细报告册，并宣统元年以后各季报告册。摘录各项说明书，分门别类编成总册。会同各司，稽核京外各处预算报告册、决算报告册。汇录京外各处预算报告册、决算报告册，编成总册。核定各项财政章程。”③

该章程第二章规定各省清理财政局的组织结构为：设总

① 上海商务印书馆编译所:《大清新法令:1901—1911(点校本)》第一卷,商务印书馆2010年版,第37-38页。

② 上海商务印书馆编译所:《大清新法令:1901—1911(点校本)》第一卷,商务印书馆2010年版,第138页。

③ 上海商务印书馆编译所:《大清新法令:1901—1911(点校本)》第一卷,商务印书馆2010年版,第143页。

办一员，以藩司或度支司充之。会办无定员，以运司关盐粮等道及现办财政局所之候补道员充之。设监理官二员，由度支部派员充之。其职责任务是："造送该省光绪三十四年分出入款项详细报告册及宣统元年以后各季报告册。造送该省各年预算报告册、决算报告册。调查该省财政沿革、利弊，分别门类，编成详细说明书，送部查核。拟订该省各项收支章程及各项票式、簿式，送部核定。"①

该章程第四章具体规定了调查全国各省财政的办法。规定凡"各省入款，如田赋、漕粮、盐课、茶课、关税、杂税、厘捐、杂捐、受协等项，出款如廉俸、军饷、制造、工程、教育、巡警、京饷各款，洋款杂支等项，统由度支部撮举纲要，开列条款，发交各省清理财政局"，并要求将"光绪三十四年各项收支存储银粮确数，按款调查，编造详细报告册并盈亏比较表。限至宣统元年底，呈由督抚陆续咨送到部"。各省清理财政局如有应行调查事件，须派局员至各衙门局所，调查出入各款及一切规费。"遇有抗延欺饰者，经该员呈报到局，由局查实，禀请督抚参处，并报度支部查核。如所派之员有需索或扶同、弊混情事，由该局禀请督抚参处。"此外，还规定："自宣统元年起，各省文武大小衙门局所应将出入各款按月编订报告册，送清理财政局，由局汇编全省报告总册，按季呈由督抚咨部，上季报告册限于下季到部。其

① 上海商务印书馆编译所:《大清新法令:1901—1911(点校本)》第一卷，商务印书馆2010年版，第143-144页。

清理财政局未成立以前，出入各款一律造册补报。”[①]

该章程还提出划分国家税与地方税。要求清理财政局“应将该省财政利如何兴，弊如何除，何项向为正款、何项向为杂款、何项向系报部、何项向未报部，将来划分税项时何项应属国家税、何项应属地方税，分别性质，酌拟办法，编订详细说明书，送部候核。前项说明书，限至宣统二年六月底，陆续送到度支部”。“各省预算报告册内，应将出款何项应属国家行政经费、何项应属地方行政经费划分为二，候部核定。”其中，国家行政经费系指廉俸、军饷、解京各款以及洋款协饷等项。地方行政经费系指教育、警察、实业等项。各省岁入，当国家税、地方税未分以前，咨议局不得议减现行税率。“于地方行政经费范围内视为应增新税时，得呈请督抚核定，奏咨办理。”[②]国税与地税的划分标准、方法和类目的细则在清末各省编纂的财政说明书中有详细规定。这是中国数千年来首次将地方税在纸面上合法化，但这一制度化的进程由于清朝的灭亡而未能充分实现[③]。

---

① 上海商务印书馆编译所:《大清新法令:1901—1911(点校本)》第一卷，商务印书馆2010年版，第144-145页。

② 上海商务印书馆编译所:《大清新法令:1901—1911(点校本)》第一卷，商务印书馆2010年版，第144-145页。

③ 有学者认为清末新政的财政改革为民国初年的地税、国税划分起到了引导作用，并将中央与地方财权的分配关系引入新的历史阶段，开启了近代化的财政转型。见杨国安:《集权与分权:清代中央与地方财政关系及其调整》，《光明日报》2017年8月7日，第14版。我认为，清末至民初的财政并未因政权更迭而发生巨变，本质上清末民初的经济与财政制度具有继承性与延续性。换而言之，即使清王朝不灭亡也无法避免北洋时期的军事与财政割据的趋势。

该章程第六章提出要“预备全国决算之事”。要求各省文武大小衙门局所“自宣统四年起，查明上年出入款项，编造清册，于三月内送清理财政局，由局汇编全省决算报告册，呈由督抚于六月内咨送到部”。各省决算报告册内“将出款项下国家行政经费、地方行政经费分别编列”。要求在京各衙门自宣统四年（1912）起，“将该衙门上年出入各款编定决算报告册，于六月内送部”。并要求度支部自宣统四年（1912）起，将直接所管之出入款项“编定上年决算册，奉明销结”，“逐年将京外各处送到决算报告册核定奏销。前项决算报告册，于文册到部两个月内核定。凡向由京师主管各衙门核销之款，由各省另造专册，送各该衙门查核。该衙门于文册到部一个月内核定，知照度支部汇总奏销”。此外，“各省决算报告册属于地方行政经费者，由度支部奏交督抚送咨议局议决，并将决算全册送供参考”[①]。到宣统三年（1911），清政府又颁布了《试办全国预算暂行章程》，修改了《清理财政章程》规定的预算方法，并编制了宣统四年（1912）财政预算[②]。但这一预算草案因清王朝的灭亡而未能付诸实施。

按照该章程，在度支部委派的监理官的监督下，清理财政工作由各省清理财政局逐步展开，并由此汇总出全国的财政收支情况，从而将各省外销款项纳入户部的掌控下。中央与地方财政划分及政府预算的工作亦有此目的。铁良南下未

① 上海商务印书馆编译所:《大清新法令:1901—1911(点校本)》第一卷,商务印书馆2010年版,第146-147页。

② 刘锦藻:《清续文献通考》卷四百,民国景十通本。

能真正动摇地方督抚的外销财政，但新政的财政清理工作大为削弱了地方督抚的财权，直接将地方财政纳入全国预算体系而受到中央的严格控制。

就当时来说，中央集权化改革受到了一些立宪派人士的支持。如汤寿潜就认为："立宪以统一为主义，以集权为急务，而中央非得国会为后盾，其权旁挠于督抚，而号令有所不行，此为中国图强之大害。自发捻既定，督抚渐专，外重内轻，已非一日。中央自审大势为督抚所把持，……多所牵鼻，遇事中怯，明窥其蕴而不便直发其奸，……司道守令逐层诿卸，付诸胥吏。观于清理财政必另派员司，他可想见。近各部有鉴于此，亦有严切之期限，星火之敦迫，而督抚之支吾如故。……中国之宪政直为督抚暗争中央之权，……今欲救中国之急，惟有收督抚之权而集于中央。"[①]但是，新政改革一方面削弱了地方财权，另一方面将改革的财政责任推给地方。宣统元年（1909）十二月，清廷推行《府厅州县地方自治章程》，让地方自行筹款，自办新政[②]。地方上，只能"就本省所出以谋本省所入"[③]。地方自治的经费按照规定，仅有府厅州县公款公产、府厅州县地方税、公费及使用费、

---

① 政协浙江省萧山市委员会文史工作委员会:《汤寿潜史料专辑——萧山文史资料选辑》四,1993年版,第521-522页。

② 上海商务印书馆编译所:《大清新法令:1901—1911(点校本)》第七卷,商务印书馆2010年版,第237-239页。

③ 李三谋:《明清财经史新探》,山西经济出版社1990年版,第340页。

因重要事故临时募集之公债[①]。清廷中央的财政集权将地方财政收入一吸而空，导致地方“近年因筹办各项新政，需款浩繁，国家财力不足以支办之，乃各量地方所出以谋地方所入，只以程源有限，筹款维艰，于是对物对事分别酌量收捐，因地制宜”[②]。无论是地方督抚还是州府县等基层行政机构，财政经费都极为匮乏，从而导致地方治理日益失序。

二、清廷的军事集权与失控

清廷的集权政策，一方面是财政的中央集权化，另一方面是军事的中央集权化。1906年，清廷改兵部为陆军部，并入练兵处和太仆寺，“应行设立之海军部、军谘府未设以前，均暂归陆军部办理”[③]。根据1907年的《陆军部章制》，陆军部的重要职责有四条：陆军部统辖京外陆军及旗绿各营军人、军事，并关涉军事之各项学堂及军械制造局厂；陆军部有厘定、纠正各省陆军事宜之责，至关系军制饷章及一切重大事件，应由陆军部酌拟会商军机大臣奏请钦定；京外陆军任职补官及旗营官员并未裁绿营官员升调选补各事，皆由陆军部考验核定，分别奏咨办理；凡京外陆军及旗绿等营所需经费，应由陆军部会同度支部核办。陆军部下属军实司掌器械、弹药一应军装制造、存储、销用各项事宜。凡兵部武库

① 上海商务印书馆编译所：《大清新法令：1901—1911（点校本）》第七卷，商务印书馆2010年版，第249页。

② 李三谋：《明清财经史新探》，山西经济出版社1990年版，第340页。

③《中国近代兵器工业档案史料》一，兵器工业出版社1993年版，第330页。

司所掌，除将俸饷、遣配等事划出外，其余各项及工部划归各项并练兵处器械科事务皆属焉。区为制造、保储二科，分理司务。陆军部下属军需司负责陆军军队及各学堂、局厂薪资，饷项、军装、建造，并经理人员教育各项事宜。以练兵处粮饷科改设。区为统计、粮服、建造三科，分理司务[①]。由此可见，陆军部设立的目的是要将全部军权集中起来。陆军部以铁良为尚书，其他官员多为清朝贵族，而袁世凯被排除在外。光绪三十二年（1906）十月，经直隶总督袁世凯奏准，将原由袁世凯督练的陆军各镇中除二、四两镇暂由该督遣调训练外，其一、三、五、六四镇，交给陆军部。光绪三十二年（1906）十二月，谕正白旗蒙古副都统凤山专司陆军四镇训练。袁世凯名义上失去了这些部队的统率权，但实际影响力通过其威望与人事关系仍然保持着。

光绪三十三年（1907）正月，陆军部规定各省设立督练公所。宣统三年（1911），陆军部与军谘处会奏规定：督练公所督办以各省原管之将军、都统、督抚兼充，管理该省新旧各军及筹备粮饷、编练队伍一切事宜。督练公所设军事参议官一员，禀承督办督率各科局办理该省新旧各军编练裁改、筹备粮服军械、测绘等一切事宜。督练公所内分设科局如下：筹备科，粮饷科，军械局，测地分局。其中，筹备科以原有之兵备处、营务处、各项旧营公所、督抚衙门内军事幕僚及兵房等裁改归并，负责筹办新军编成改并、征募召集退伍补充、征发运输交通及战备、马匹购买及补充、裁撤绿营

①《中国近代兵器工业档案史料》一，兵器工业出版社1993年版，第332页。

及善后、防营裁改归并训练及善后、裁撤一切杂项队伍等事宜。粮饷科以原有之粮饷服装、财政调查各局裁改归并，负责新旧军队及该管陆军学堂粮饷收发、存储、会计，新旧军队及该管陆军学堂被服装具及军用物品购买、收发、补充、保存、修理、交换，新旧军队及该管陆军学堂一切建筑，新旧军队及该管陆军学堂预算、决算，新旧军队财政调查等事宜。军械局以原有之军械各局裁改归并，负责新旧军队及该管陆军学堂枪炮弹药等项收发、保存、修理、交换及购买，新旧军队及该管陆军学堂器具材料之收发、保存、修理、交换及购买等事宜。可见地方督抚只是摆设一般的督办，实权均在督练公所各科局手上[①]。

1909年，清廷将陆军部军谘处从陆军部中划出。1911年，清廷将其升格为军谘府，军谘府的职责是"为上承诏命、襄赞军谟之地，凡经武要略之政皆汇焉"。根据《军谘府官制草案》的解释，军谘府是"周官大司马掌九伐，即当今各国参谋部之职。唐之诸道元帅府，五季、宋之枢密院，金之都元帅府，皆与兵部分置，专掌兵事。今各国如日、德，皆以国君总元帅之任，诚以兵马大权宜总之于上"。

军谘府行政长官为军谘大臣。该大臣赞画全国军务，直接听命于皇帝，凡军事之计划、命令，均由其奏拟，随时入对。军谘大臣，一是统辖陆、海军，各参谋官监察军事教育，凡陆军大学堂、测绘学堂及使馆武随员等皆隶之；二是

① 上海商务印书馆编译所:《大清新法令:1901—1911(点校本)》第十一卷,商务印书馆2010年版,第119-120页。

掌考核各军队成绩，并承旨调遣全国陆、海军队及订立行军条规各事，于在京各衙门及各将军、督抚关涉事件，可随时咨行办理①。

宣统二年（1910）八月，在军谘府（处）的建议下，清廷裁撤近畿督练公所，并将近畿第一至第六镇统归陆军部直接管辖，其中，第二、第四两镇照旧驻扎直隶，第三、第五两镇仍分驻东三省、山东，遇有调遣，准由该督抚电商军谘府、陆军部，请旨办理。由此，袁世凯所练的北洋新军六镇均集中于清廷中央手上。袁世凯本人亦被解除官职，赋闲回乡。袁世凯和摄政王载沣之间既有私人恩怨，也有央地矛盾。首先，载沣是光绪之弟，袁世凯在戊戌政变时的告密行动导致光绪及载沣对其恨之入骨。其次，载沣欲将全国财政集中于中央，而袁世凯却要求地方分权。慈禧、光绪死后不到百日，载沣便抓住时机将势大震主的袁世凯罢免。

从表面上看，清廷中央在预备立宪的新政中，一是促进政治、经济、军事的近代化建设以应对外部威胁，二是设立各种中央军事与财政的集权机构控制地方上的军权与财权。但是，清廷的新政改革与中央集权的举措加速了其灭亡。主要原因在于：第一，由于新军文化素质的提高，军人易受各种社会思潮与革命思想的影响，具有极强政治敏锐力的同盟会在清末逐渐将发展武力暴动人员的重点由会党转向新军军人，清廷的政治权威和合法性受到严重的冲击。第二，清廷未能祛除袁世凯在新军最为强大的北洋军队中的强大影响

① 端方：《大清光绪新法令》，清宣统上海商务印书馆刊本。

力，清廷中央对军队缺乏统率力。第三，慈禧和光绪逝世后，清廷中央缺乏具有号召力与巨大威望的核心人物，而满族亲贵在新政中却急于大权独揽，如载沣代理全国陆、海军大元帅，毓朗、载涛相继为军谘大臣，铁良、荫昌相继为陆军部尚书及陆军大臣，载洵为海军大臣，载涛、毓朗、铁良为禁卫军大臣，奕劻为练兵处总理大臣。除铁良外，这些人德不配位，缺乏应有的军事知识与政治威望，从而造成汉族官员与立宪派的离心离德。

李细珠根据钱实甫等《北洋政府职官年表》、孙宝铭《北洋军政人物简志》、章伯锋《北洋军阀（1912—1928）》第六卷、徐景星等《北洋军阀人物小志》和来新夏《北洋军阀》第五册等材料分析出，清王朝灭亡后，袁世凯统治时期（1912年3月10日至1916年6月6日）各省军政长官的出身背景具有两个特点：第一，新旧军事将领占绝大多数。各省军政长官59人，有36人来自新旧军事将领，占总数的61%；革命党7人，占12%；旧官僚与立宪派16人，占27%。第二，清末地方督抚势力甚微。旧官僚包括督抚10人，他们大都任职较短[①]。因此，民国时期的地方割据势力并非清末地方官员而是清末军人。换而言之，清王朝是由清末军人推翻而非地方督抚。这表明，随着清廷中央的集权措施的推进，地方督抚的财权与兵权逐渐被削弱到无足轻重的地步，而清廷中央本身对军队的控制能力却十分薄弱，从而形成巨大的权力真

① 李细珠:《再论“内外皆轻”权力格局与清末民初政治走向》,《清史研究》2017年第2期,第9-23页。

空。新旧军人势力趁机填补了这一真空，成为清王朝灭亡的主要力量以及民初的主导性政治力量。

第二节　袁世凯的财政集权

一、民初的财政混乱与外债

袁世凯再度复出后，一方面以南方民军威胁清廷，另一方面代表清廷与南方民军谈判。南方民军及南京临时政府则因财政入不敷出而焦头烂额，不得不与袁世凯和平谈判，达成南北统一。袁世凯不愿成为南方民军的傀儡，将清帝宣统退位诏书中“即由袁世凯以全权与民军组织临时共和政府，协商统一办法”改为“即由袁世凯以全权组织临时共和政府，与民军协商统一办法”①。由此，袁世凯政权直接继承自清廷，而非南方民军与南京临时政府。这就导致了持续十数年之久的孙中山领导的南方各省与袁世凯控制的北方诸省之间的长期矛盾。

袁世凯北京政府建立后，在接收清朝政权的过程中，新旧夹杂，政权中包含了南方民军成员与北方前清旧员，但更偏向于前清旧员。据不完全统计，民初仅财政部官员为清末旧员的有如下数人：熊希龄，民国财政部总长，曾担任清季东三省财政正监理官；周学熙，民国财政部总长，曾担任清季清理财政处帮办；陈锦涛，民国财政部总长，曾担任清季

① 桑兵:《接收清朝与组建民国(上)》,《近代史研究》2014年第1期,第6页。

清理财政处帮办，度支副大臣；李思浩，民国财政部总长，曾担任清季清理财政处湘鄂科坐办；章宗元，民国财政部次长，曾担任清季清理财政处总办；杨寿楠，民国财政部次长，曾担任清季清理财政处总办；刘泽熙，民国财政部参事，曾担任清季清理财政处帮办；曹葆珣，民国财政部赋税司司长，曾担任清季清理财政处帮办；李景铭，民国财政部赋税司司长，曾担任清季清理财政处总务科坐办；曲卓新，民国财政部会计司司长，曾担任清季清理财政处总务科科员；陈威，民国财政部会计司司长、泉币司司长、公债司司长，曾担清季清理财政处闽浙科坐办；胡湘林，民国财政部会计司司长，曾担任清季广东布政使；钱应清，民国财政部库藏司司长，曾担任清季浙江财政副监理官[①]。

因此，民初财政部和各省财政机构与清政府的继承关系十分明显。清季度支部丞参兼清理财政处总办杨寿楠曾说："袁项城置宣四预算于案头，手自批注，尝语予曰：'前清预备立宪惟度支部最有成绩，余皆敷衍耳。'部中司员以兼清理处为荣，公事皆自办，不假手吏胥，故非才不得入选。民国以来，居财政要职者，半为清理处旧僚也。"[②]人员的继承关系意味着清末的财政制度与运作风格在民初具有连续性和继承性。

民初还继承了清末的各种财政弊病。清末由于外债负担

① 张华腾：《辛亥革命与袁世凯：清末民初社会转型时期人物研究》，河南大学出版社2014年版，第341-342页。

② 罗继祖：《枫窗脞语》，中华书局1984年版，第37页。

和新政需款，财政赤字不断扩大，如1909年清廷财政收入约30 122万两，财政支出约36 787万两，收不抵支近6665万两。其中清廷中央各衙门自己征收的入款为3801万两，出款为9800万两。袁世凯政府初建时，财政情况更加糟糕。袁世凯政府只是从名义上统一了全国。实际上，直到赣宁之役前，南方各省多在国民党的控制下，袁世凯政府与南方国民党之间的斗争导致政局动荡不安。政治失控导致财政失控，革命之后，"县款不解于省，省款不解于中央"[①]。袁世凯政府仅有少数省份有少量解款，黎元洪在《政府公报》中说："'各省在前清时协解中央之款年有定额，迨国体改革，解款顿停，虽经本部累次电催而协解之金终属寥寥，总计由民国元年以迄于今（1913年10月）所收齐豫湘粤等省解款不过260万余元'，该年内债'虽列12 000万余元，而因前清昭信股票之影响，至今民信未孚，将来能否如额售出，实一疑问'。"[②]

南方各省不仅不解款还经常截留清末留下来的中央专款。据统计，1912年9月至12月，"中央政府总收入2719万余元，总支出7009万余元，不敷之数实有4289万元之巨"[③]。到1912年年底，不计庚子赔款，政府内外债总额即高达17.5亿元。袁世凯政府甚至窘迫到连中央各部各局处薪水、公

① 吴鼎昌：《大借款与财政之将来》，转引自上海经世文社：《民国经世文编》六，北京图书馆出版社2006年版，第3690页。

② 许毅：《北洋政府外债与封建复辟》，经济科学出版社2000年版，第281页。

③ 伧父：《中国政治通览》，《东方杂志》1912年第9卷第7号，第54页。

费、养廉、工食等项都无法按时发放。“北京旧部，除外、邮、陆军等部外，其余各部司员情状极为瑟缩”[①]。当时，克利斯浦公司代表柯克瑞尔认为：袁世凯北京政府1913年前6个月的财政收入为5100万元，而财政支出却多达1亿6800万元，亏缺1亿1700万元。而且在5100万元的收入当中，有1800万元是各省应当缴解中央的款项。可是实际收到的只有200万元。这种情形继续下去，当然只有破产[②]。1913年，全年各省承担起解给中央的款项是3250万元，实解不过560万元[③]。

袁世凯政府为了维持政府行政的正常运转，只能通过短期外债来周转。至1913年4月善后大借款前，袁世凯政府先后从美、英、德、奥等国借款1200多万两白银。地方政府举借外债成为一种谋求财源的常态。袁世凯统治时期地方外债总额约3152万元，总计40笔。“民国元二两年，中央绝无收入，何能维持，彼时维持之道，全持外债”。仅1912年8月31日至12月31日短短4个月内，袁世凯政府共借外债9次，数额约9400万元，几乎抵得上同期财政收入及支出的总和[④]。财政部长熊希龄报告：1911—1913年，中央除代偿各省应摊赔洋各款7700余万元外，还协理各省之款1400余万元，代各省偿还地方债1300余万元。当时的中央政府支出除铁道之款另

①《旧学部之窘况》,《申报》1912年4月4日，第2页。

② 骆惠敏：《清末民初政情内幕——〈泰晤士报〉驻北京记者袁世凯政治顾问乔·厄·莫理循书信集：1912—1920》下卷，知识出版社1986年版，第202页。

③ 贾士毅：《民国财政史》上册，商务印书馆1934年版，第47–49页。

④ 许毅：《北洋政府外债与封建复辟》，经济科学出版社2000年版，第281页。

行筹措外，平均每月要2400万元，而每月收入却只有1000万元，且这一收入有65%来自盐关两税。“中央既一无收入，惟仰给外债以度岁月”，地方则“又思分中央所借外债之余沥以自活，循此不变，债债相引。其势将举全国所入尽充外债利息。如此，则破产之祸岂俟数年后哉”[①]。

为了彻底解决财政问题，袁世凯从两个方面着手：一是善后大借款，二是以武力控制南方省份以推进全国财政统一。1913年春，袁世凯同英、法、德、日、俄五国银行团签署了善后大借款合同。借款数额为2500万英镑，折合银元约2.48亿元，债券九折发售，八四折实收，实际所得为2100万英镑，扣除汇费、镑亏损失、垫款利息、赔偿辛亥时期在华外国人损失等费用1080万英镑，袁氏所得仅是债面的40%，约1000万英镑[②]。此外，1913年举借的其他外债约20笔，总额约3.59亿元[③]。宋教仁案和南方柏文蔚等三都督被裁撤是赣宁之役的直接导火索。袁世凯对南方的战争只是推动中央财政集权的军事手段。赣宁之役后，袁世凯控制了全国绝大多数省份，开始推行诸多财政集权的政策。

二、袁世凯的财政整顿

早在民国初建时，袁世凯虽想集大权于中央，但难以实

① 贾士毅:《民国财政史》上册,商务印书馆1934年版,第181页。

② 财政科学研究所、中国第二历史档案馆:《民国外债档案史料》第四卷,档案出版社1991年版,第483-487页。

③ 徐义生:《中国近代外债史统计资料:1853—1927》,中华书局1962年版,第240页。

现。如就地方举借外债兴办铁路，袁世凯政府照会各国要求："凡各省铁路，虽系商办者，如借用外款，非经中央政府核准，不能有效。各国商人，亦应于订借之先，禀请本国驻京大臣，询明确系已经政府允准，方可借给，以期妥慎。"[①]但地方多先斩后奏，未将袁世凯政府的规定放在眼中。

赣宁之役后，袁世凯政府在全国大多数地区的政治与军事统治日趋稳固。以1914年看，随着武力的扩张，各省解款数额已远超过前两年。根据民国二年（1913）年度预算，各省解款数约2973万元，该年实收约1400万元。在这一前提条件下，袁世凯逐渐走向清末新政的老路，开始进行财政整顿，试图削弱地方财权以加强中央财政集权。袁世凯以财政部代替度支部为全国财政最高机关，名义上成为全国财政之枢纽，又设有审计院，掌理全国会计监督事务。1913年春，袁世凯取消都督下属的财政司而改设国税厅，直辖于财政部，凡属国税事务，均归节制，财政司仅管地方收支事务。1914年秋，袁世凯在各省设立财政厅，将国税厅和财政司事务合二为一，分科办事，直接隶属于财政部[②]。

在财政整顿上，袁世凯政府首先继承清末国家税与地方税改革的思路，早在1912年11月便制定颁布《国家地方政费标准》，次年12月又制定《国家税与地方税法草案》，规定了国家、地方政费分配和中央、地方新的两级财政收入款项划

① 财政科学研究所、中国第二历史档案馆：《民国外债档案史料》第一卷，档案出版社1991年版，第65页。

② 贾士毅：《民国财政史》上册，商务印书馆1934年版，第257-263页。

分，此方案在整个北洋军阀统治时期一直沿用。根据《国家地方政费标准》，划归中央财政收入的有田赋、盐课、关税、常关、统捐、厘金、矿税、契税、牙税、当税、牙捐、常捐、烟税、酒税、茶税、糖税和渔业税，共17项；划归地方财政收入的有田赋附加、商税、粮米捐、畜牧税、油捐、酱油捐、船捐、杂货捐、店捐、房捐、戏捐、车捐、乐户捐、茶馆捐、肉捐、饭馆捐、鱼捐、屠捐、夫行捐、土膏捐，共20项。由此可见，所有重要税项皆列为中央财政收入款项，而地方收入款项全系清末地方的苛捐杂税。国税的征收由各省的国税厅掌管，地方税由各省财政司管理[①]。

国、地两税方案公布后并没有正式实施。袁世凯采取了一些整顿财政收支的临时措施。首先，袁世凯继承并恢复了清代的解协款及专款制度。1914年，编制民国三年（1914）年度预算时，令各省将收支盈余部分解送中央并严核各省收支。1915年，袁世凯批准了《中央解款考成条例》，规定各省每年应解总额由大总统命令定之，从而加强对各省解款的考核。1915年，实行中央专款制，把验契税、印花税、烟酒税、烟酒牌照税、牙税5项收入指定为中央专款，直解中央。1916年，又添田赋附加、所得税、牙税增收、厘金增收、牲畜税及屠宰税增收和均赋收入等6项，连同上年5项共11项，由各省代征解交，中央专款与解款一起成为中央收入。1915年，改会计年度为历年制，夏间与直隶等12省重新核定解款

① 李新、李宗一：《中华民国史：1912—1916》第二卷上册，中华书局2011年版，第386-387页。

数额，共派解2178万元，实收1795万余元。1915年，共派解5项专款1898万余元，实解1874万余元。与解款合计，这一年各省共向中央解送3669万余元[①]。

其次，袁世凯派员对新旧税进行整顿。旧税主要包括田赋、厘金、常关税等三项。财政总长周自齐1915年年初向袁世凯报告："（田赋）统计增收之数，在五百六十二万元以上。"厘金在1912—1913年两年亦短收不少。1914年，财政部拟定整治办法通行各省，又颁布《征收厘金考成条例》，以资惩劝。1915年，实收3865万余元。1913—1915年，沿江沿海50里外常关及内地常关均陆续改归中央直辖，由中央简派监督，所收税款径解部库。周自齐报告：常关税在1913年仅为557万余元，而1914年共收入627万余元，增加一成以上。在新税方面，印花、验契、烟酒牌照等税的推行成效颇著。印花税收入从1913年的2.7万元增至1914年的40余万元，到1915年达到300余万元。1914年，烟酒牌照税收入40余万元，验契费收入更高达3182万元，其中财政部直接支配数额为1740余万元。关税、盐税掌握在外国人手里，各省不能任意截留，因而抵偿外债、赔款之后的关余和盐余反倒成为袁世凯政府的稳定收入。以1914年上半年为例，袁世凯政府每月盐税收入达到300万元[②]。

① 汪敬虞：《中国近代经济史：1895—1927》中册，经济管理出版社2007年版，第1013页。

② 汪敬虞：《中国近代经济史：1895—1927》中册，经济管理出版社2007年版，第1013-1014页。

最后，袁世凯政府调整并改革了财政机构。原先财政部下设赋税、会计、公债、钱法、国库五司。1914年7月，袁世凯政府正式在财政部内部确立了一厅五司的格局，即总务厅、赋税司、会计司、泉币司、公债司、库藏司。总务厅主管本厅经营之财物和经费，各项收入预、决算及日常会计，稽核直辖各官署之会计等；赋税司主管田土清丈的编造，赋税调查的稽核，以及赋税征收与计算；泉币司主管货币的制造、发行，并对货币的使用进行控制；公债司主管公债的发行和出纳管理，以及公债簿籍登记等事项；库藏司主管国家资金运用及出纳事项，负责对支付命令的稽核、对国库出纳的全面管理，经管国库各种账簿的正确记录，组织国库出纳报告的定期编制，对国库及出纳官员进行监督，管理其他有关出纳的事项。财政部主要负责赋税、会计、出纳、公债、泉币、专卖、储金、银行及其他一切财务行政事务，直接或间接地监督地方财政机构与公共团体的财务活动。1914年，因善后大借款中盐税被用来抵充外债，北京政府成立了盐务署和盐务稽核所，隶属于财政部，总管全国盐政。设海关税务处，与财政部平行。此外，还有烟酒事务署，管理全国官产、印花事务的官产处和印花处等。1913年，袁世凯政府成立直属财政部的国税厅筹备处，与各省军事长官平级。清末以来，中央所属的国家税都由地方代为征收，国税厅以及改组的财政厅的设立使得中央直接经管国家税，大为削弱了地方财权[①]。

① 刘孝诚:《中国财税史》,中国财政经济出版社2007年版,第288–289页。

在发行国债方面，1914年，袁世凯表示“自上年春间，誓不复借外债以供消耗，迭由财政部督饬经征官吏整顿旧税，推行新税，近来颇有起色，外债得以支付，国中秩序亦勉可保持，危亡之忧，庶几获免。人民爱国程度日高，踊跃输将，深堪嘉尚”[①]。1914—1915年，公债实发额均在2500万元以上，而外债只有6笔，不及1913年的3%。1914年2月，袁世凯政府颁布了《国币条例》[②]，规定货币铸发权专属于中央政府，同时宣布改组原大清银行为中国银行，将中国银行和交通银行规定为具有兑换券发行权的中央银行，并逐步回收地方滥发的纸币，从而收回了地方发钞权。此外，由于每年军费支出约1.5亿元，占财政收入的三分之一以上[③]，于是袁世凯政府大力压缩军政费用。袁世凯亲自审定和分配军费，大多军队被规定就地筹款。据财政总长周自齐估计，军政费全年共减支1200余万元。各省军政开支自1914年2月“始召集各省财政会议，确定支出概算方针，按照各省原开预算，逐款勾稽，痛加削减，共节省一万六千万有奇”[④]。

总的说来，由于北洋军阀强大武力的威慑与袁世凯在北洋系中的权威，大多数省份服从于袁世凯的中央集权与财政整顿政策。袁世凯的财政政策得到贯彻实行，国家财政一路

① 周天度等:《中华民国史》第一卷上册，中华书局2002年版，第259页。

② 中国第二历史档案馆编:《中华民国史档案资料汇编》第三辑金融(一)，江苏古籍出版社1991年版，第82-83页。

③ 张侠、孙宝铭、陈长河:《北洋陆军史料:1912—1916》，天津人民出版社1987版，第438页。

④ 贾士毅:《民国财政史》上册，商务印书馆1934年版，第218页。

好转，财政收入逐年上升。1914年上半年，政府月收入达700万元，该年1~6月各省国税收入达6603.7万元[①]。到1915年，岁入实收银元13 067.8万元，支出银元13 903.6万元，只有800多万元赤字[②]。

然而，袁世凯帝制活动遭到全国与列强的反对，财政上迅速下滑到濒临崩溃。袁氏帝制活动的各项开支约为6000万元。1916年，护国战争爆发后，袁世凯政府每月军费的新增开支约500万元，相当于政府行政支出的2.5倍。与此同时，由于各省离心离德，各项财政收入大幅下滑。各省解款1916年度预算原定为4230余万元，后因各省要求减免改定为2570余万元，该年上半年各省实解仅865万元，大约相当于预算的五分之一和改定额的三分之一。其中，中央专款多被各省截留，1916年，原预算数约为6462万元，后改定为3660余万元，而该年下半年实解仅1029万元，不及预算的六分之一和改定额的三分之一。烟酒公卖原预算收入1168万元，该年上半年仅实收200余万元。官产收益预算数约为1705万元，实际全年最多实收800余万元。公债计划发行2000万元，然而募集3个月的实际收入不到30万元[③]。袁世凯试图向外国借债，列强不仅未同意反而将原交中央政府的盐余也扣留下来。财政与军事的双重失败，导致袁世凯政府无法再支撑下

①《新旧各税之因果谈》,《申报》1914年7月28日,第3页。

② 贾士毅:《民国财政史》上册,商务印书馆1934年版,第60–66页。

③ 汪敬虞:《中国近代经济史:1895—1927》中册,经济管理出版社2007年版,第1016页。

去，袁氏面临这一局面，束手无策，最终暴病而亡。

第三节　军阀割据时期的政治与财政分裂

一、形同虚设的中央财政

袁世凯死后，北洋系军阀内部发生分裂，大小战争不断。具有全国性影响的大规模内战有直皖战争、两次直奉战争、江浙战争等。影响较小的小规模战争，多省濒年爆发，仅四川一省从1912年到1933年就有404次地区性内战，平均每月就有2次战事[①]。军阀之间的内战，无论是北方想用武力统一，还是南方想用武力保护既得利益，或是争夺地方上的地盘，最终的争夺对象是土地，用控制的土地来养武装的兵，内战只是军人、团练、土匪的地盘之争[②]。军阀之间的武力争斗导致中央政府权威逐渐衰退，城头变幻大王旗，中央政权不停易主。从1916年到1928年的短短12年，共有38届内阁轮流坐庄。其中颜惠庆内阁仅存在6天，伍廷芳内阁只有5天。尤其是在直皖战争结束段祺瑞下台后，中央政权之政令几乎不出北京城。

政治与军事上的分裂导致了财政上的分裂。向北洋中央政府解款的省份数量和数额自1916年后逐年减少，如表3-1

① 吴达德：《西南社会历史论丛》第三辑，南京大学出版社2015年版，第230页。

② 陈志让：《军绅政权——近代中国的军阀时期》，生活·读书·新知三联书店1980年版，第32页。

所示。1916年尚有13省解送1890余万元，次年即下降到8省解送980余万元。“段氏当权，其时各省解款，尚有大部分解京”，段祺瑞下台后的1921年，仅有3省解送区区340余万元而已。

表3-1　1915—1921年解送中央款及省份数量

年份	应缴额(元)(省数)	实缴额(元)(省数)
1915	21 680 000(12)	19 013 225(12)
1916	28 839 267(15)	18 906 125(13)
1917	18 432 419(15)	9 878 617(8)
1918	12 874 419(11)	6 042 730(4)
1919	5 562 652(3)	5 553 487(3)
1920	5 660 000(3)	4 917 456(3)
1921	3 660 000(3)	3 441 447(3)

数据来源：许毅：《北洋政府外债与封建复辟》，经济科学出版社2000年版，第289页。

1921年，中央在各省直接征收的税款预算降为630余万元，实收额为250万元。同年烟酒税各省报告是1400万元，中央实收200万元；印花税报告为600万元，实收200万元；所得税报告为数百万元，实收仅2万余元[①]。印花税多被各省截留，能归诸中央者寥寥无几，1924年，实解到部数仅72万元。烟酒税上解，1922年为145万元，比1919年减少一半[②]。根据上海总商会民治委员会的调查，1922年，北洋中央政府

① 许毅:《北洋政府外债与封建复辟》,经济科学出版社2000年版,第289页。

② 贾士毅:《民国续财政史》二,商务印书馆1933年版,第520,555-556页。

预算“虽有四千八百五十五万一千一百九十九元，而除去指定之各项债务专款外，实供中央军政各费之用者，仅有二千余万元。然此能供政府支配之二千余万元，亦多于未收入之前，先行预支；换言之，即以每月应收之盐余为担保，先向各银行指借各种短期借款是也。预借之款，恒超过每月盐余应收之数，政府至无法维持时，常将短期借款中指定之一部分，停止偿还，强为挪用，藉以弥缝于一时。况现时各省军费日增，支出不定，多将盐余纷纷截留”①。

到1926年，中央财政亏空更为严重。马寅初曾详细评估五项中央直接征收的税赋之状况：海关税及50里以内常关税约收9440万元，常关税约收670万元，盐税约收8980万元，烟酒税费约收1500万元，印花税约收320万元，共收约2.09亿元。第一项充作洋赔各款之担保，以之充整理案内各债还本付息之用尚嫌不足。第二项除北京崇关之200余万元，向归中央收用外，余均由各省截留。第三项之盐税，除去各省截留之3030余万元，又经费1030余万元，剩余项下又须提拨约4300万元，按月协济各省及应付特种债券、库券等项，只余630余万元。第四项之烟酒税，中央收到之数，不及总额的10%，约140万元。第五项之印花税亦不过总额的10%，约30万元。三项合计不过800万元，连同崇文门之200万元，合计1000万元。只剩700万元，以之担负中央1亿2800余万元之支出（计政费5800余万元，军费7000万元），“不啻预算上亏短

① 上海总商会民治委员会:《中央财政研究报告书》,《东方杂志》1923年第19期,第132页。

十七倍之巨”[①]。

以中央专款来看，按照规定，各省认定数额每年应解从1899万元下降到628.9万元。如表3–2所示，袁世凯在世时的1915和1916两年的情况最佳，袁世凯死后，认解与实解数额都急剧下滑，从直皖战争结束后的1922年开始，更全数被各省截留或抵拨中央应发各省军费。

表3–2　1915—1922年中央专款认解与实解数额

年份	认解数额（万元）	实解数额	
		实数(万元)	占认解额比率
1915	1899.0	1874.8	98.7%
1916	3660.0	2440.0	66.7%
1917	1287.9	1036.0	80.4%
1918	851.3	575.5	67.6%
1919	634.9	424.5	66.9%
1920	634.9	424.5	66.9%
1921	634.9	424.5	66.9%
1922	628.9	0	0

资料来源：汪敬虞：《中国近代经济史：1895—1927》中册，经济管理出版社2007年版，第1018页。其中，1919—1921年的认解与实解数额完全一致，显然数据存在问题，暂且存疑。

北洋政府最为可靠的税收是关税和盐税。当时中国政府多次提出关税自主的要求并召开关税方面的国际会议，但因国内尚未政治统一，未能改变关税为外人控制的局面，而各地军阀亦不敢轻易截留。据统计，1917—1920年，北洋政府

① 马寅初:《中国之财政与金融》,《东方杂志》1926年第21期,第5–6页。

总共收入关余5125.9万元，约占当时关税收数的18.8%。从1921年到1926年，关税用于外债支出约占50%～60%，用于内债支出约占20%，海关经费及其他各种支出约占20%。换言之，从1921年开始，中央支配的关余所剩无几。1921年之前，盐余多时一年收入5000万～6000万元，约占盐税总额的60%～70%。除了西南省份外，其他地方截留较少。1921年之后，各省截留盐款日益严重，每年截留达3000万元，其中1926、1927年分别达到约4700万、4600万元[①]。中央支配的盐余不名一文。

一方面是急剧下滑的财政收入，另一方面是无法压缩的财政支出。1923年，中央每月应支政费约需290万元，每月应支军警各费约需540万元，共830余万元。除出驻在各省之中央军费，可由预算上之中央解款专款内划拨暂行搪塞外，其中央必不可少的军政各费每月尚需约400万元。"而中央财源枯竭，无论如何腾挪，终属不敷"，积欠各机关政费达6410.8万元，积欠军费达1.34亿元，无抵押借款到期4亿元以上，而"本利概无偿还之法"[②]。

据统计，1917—1925年，北京政府岁出的最大宗为军事费和债务费，两项支出合计在历年岁出中所占比例高达75%。

① 汪敬虞：《中国近代经济史：1895—1927》中册，经济管理出版社2007年版，第1019页。关余即关税收入扣除外债、赔款及支付海关行政经费后的余款。盐余即扣除付外债本息和支付盐务行政经费后的余款。

② 上海总商会民治委员会：《中央财政研究报告书》，《东方杂志》1923年第19期，第123页。

而政务费即国家日常行政费，只占岁出的20%～25%[①]。军费的上涨主要在于各地军阀为了备战守地盘或开战抢地盘而大肆招兵买马。据统计，1918年秋，全国陆军编制总人数约129万人，军队饷需预算2.08亿元，军费总数至少在2.4亿元。到1925年时，全国陆军总人数已增至150余万人，军费总数陆军部有册可稽者约为2.6亿元，实际则至少为2.8亿元[②]。此外，随着各地军阀独立性的增强，私下招募新兵却并未报部，实际的军费总额要高于上述数字。

在这种情况下，北洋中央政府不得不举借内外债以维持局面。据统计，政府公债从1912年到1926年由财政部发行过27次，票面总值87 679万元，实收61 206万元，其中90%的公债是在1916年后发行的。从1912年到1925年，还发行了73种不同证券，其中大部分于1916年后发行，加上短期借款，1925年年底的借款额达17 246万元[③]。当时中国的债务负担和其他国家比较而言并不算高，人均负债仅4.2元。据美国驻华公使芮恩施的计算，日本人均负债是中国的8倍，美国是56倍，英国是200倍，德国是280倍，法国是347倍。政府债务问题的关键在于“可质之赋税已质尽。不出让利权便无法取得外国贷款”，从而导致高风险、高利息，“不出重息而巨款

① 汪敬虞：《中国近代经济史：1895—1927》中册，经济管理出版社2007年版，第1021页。

② 汪敬虞：《中国近代经济史：1895—1927》中册，经济管理出版社2007年版，第1025页。

③ 千家驹：《旧中国发行公债史的研究》，《历史研究》1955年第2期，第105-135页。

不可得”[①]。银行存款利息10%～12%，贷款利息18%，而美国政府长期债券利息年均在4%左右，英国国债利息为4.4%左右，法国5%左右，德国7%，都远低于中国[②]。

总而言之，“迨袁世凯死而各省几皆宣告独立，督军欲扩张其势力，日日加添军队，于是经费大增。省政府之收入，不足以供给，而又截留中央政府之盐税，与铁路之进款，以为挹注。……一党得势，往往垄断中央政府之财源，以培养军事上之实力”[③]。北洋的中央政权日益成为各大军阀手中的对外外交与筹资之工具。各地军阀的无情截留有时甚至导致连外交经费都不足。曾经有驻外使节及领事署为了经费“不得不电告电催，甚至以经费无着无米为炊，拟即下旗归国者”[④]。随着各地军阀财权与军权的独立，清末以来建立的财税体系已经完全崩溃，中央财政形同虚设，国家财政皆陷于混乱状态。

二、政治分裂与地方财政

北洋中央政权日趋衰落，各地军阀却日益控制了地方财权。各省税收机构名义上虽隶属中央的文官系统，但实际上被军阀控制。名义上，各省省长受中央委任，有财政监督

① (美)芮恩施:《中国之财政自立》,《东方杂志》1922年第18期,第127页。

② (美)悉尼·霍默、理查德·西勒著,肖新明、曹建海译:《利率史》第四版,中信出版社2010年版,第353,460,481,528页。

③ 赵文锐:《中国财政紊乱之原因》,《东方杂志》1927年第6期,第27页。

④ 贾德怀:《民国财政简史》上册,商务印书馆1941年版,第216页,转引自刘孝诚:《中国财政通史·中华民国卷》,中国财政经济出版社2006年版,第167页。

权，财政厅在纸面的制度上则隶属于财政部。实际上，地方上拥有兵权的督军势力最强大，他们要么兼任省长，要么以亲信担任省长或财政厅长，省长无非是军阀的傀儡，财政厅也成了军阀筹措经费的地方机关。对于军阀来说，军队就是命根子。因此，各地财政收入主要用来支持规模越来越大的军队与频繁的战争。换言之，军费支出缺乏刚性预算的约束，军阀之间的博弈导致军费规模日趋扩张。除了截留前文所述原属中央的各项税收，各地军阀还为所欲为，不择手段，拼命搜刮地方财力。马寅初曾指出："除西南各省脱离北京政府外，其他都在军阀势力之下，中央权力早已不及，因此，年末各省既无半文的解款，又无一字之报告，财政状况不得而知。"[①]英国观察家伍德海也曾说过："混乱从未达到过象我们现在所目击的程度。很明显，想要得到任何全国性的统计数字，必然是件绝对办不到的事情。"[②]但是，各地军阀对地方财力的搜刮大致脉络仍有案可寻。

按袁世凯政府的规定，田赋和厘金或货捐都属中央税收。但是，即便袁世凯在世时，这两种税源大多还是归于地方。1916年后，各地军阀对田赋和厘金的征收更为肆无忌惮。以田赋论，除了负担不重的正税，各地军阀还增设各种田赋附加税，有些省份甚至进行田赋预征。据统计，这一时期全国约有673种税收依据土地征收税款，有些地区预征高达

① 马寅初：《中国财政之根本问题》，《东方杂志》1924年第3期，第21页。

② (美)阿瑟·恩·杨格著，陈泽宪、陈霞飞译：《一九二七至一九三七年中国财政经济情况》，中国社会科学出版社1981年版，第3页。

31年。1921年，江苏田赋额为59万元，到1923年增长到近70万元。四川省1925年是60万元，1926年因预征而高达140万元。厘金税率原定为值百抽一，但多在10%左右，有些商品的税率竟然高达20%～30%。同时，各种名目的厘金及其附加税也不断增加[①]。1927年，严仲达在调查湖北农村时就直接指明：地方上“虽有驻防的官军，都是土匪的化身。……（农民）他们自己造酒要付酒税，杀猪要付屠税”。

1916年，为了支持军费，很多地方都将鸦片税收作为地方财政收入的重要来源。以甘肃省为例，甘肃军阀林立，军队众多，军费开支巨大，正常税赋难以维持，结果在军阀的统治下，普遍种植鸦片。据统计，经收国家收入主要是烟亩罚款和禁烟局税款，占总财政收入的37%，营业税主要以特种营业税为主，实质上就是鸦片营业税，占总收入的20%，两项合计占57%，田赋仅占总收入的22%[②]。其他如陕西在1924年的鸦片收入是2400万，甘肃、湖北、福建各2000万。1927年，云南的鸦片收入高达5000万。四川军阀公开将烟税列入地方预算，额定征收3000万元。湖北鸦片税也达2000万元，约占全年收入的一半。四川涪陵几乎所有农家都种鸦片。1930年，每两鸦片平均售价在0.6～0.8元。以0.8元算，每四石耕地鸦片种植成本为56.89元，总收入163.12元，净利106.23元。当地军阀从涪陵一县即可征收1300万元的鸦片

① 许毅：《北洋政府外债与封建复辟》，经济科学出版社2000年版，第297页。

② 尚季芳：《论民国时期甘肃省的毒品经济与社会变迁》，《中国经济史研究》2011年第3期，第151-160页。

税[①]。

军阀为了筹集军费，还盛行铸造银元、铜元等不足值硬币。四川地方军阀将银元化为辅币，将一元铸为半元，从中取得80%的厚利。张宗昌、孙传芳军队入驻江苏时，带来大量当五十或当百文的铜元，当五十铜元的实际重量只有十二个半铜元，当百文的铜元分量更轻。荷兰驻华公使欧登科在1925年致中国外交部的函中说："铜元充斥，扰害金融，……各省竞相鼓铸，三年以来，增抬物价不止五倍……"[②]时人也评论道："铸铜元者妙想天开，又收买大铜元改铸小铜元，大如当十铜元者名以当百，大如当五十铜元者名以当五百。货币变迁（贬值）即如此其速，物价自是一日千里，生活程度岂有不增高的?"[③]

军阀更是肆意地发行纸币。军阀发行纸币比起征税是更简便的榨取军费的方法。因此，军阀都把发行纸币作为筹集军费的最佳手段。1926年，张作霖在东三省及山东、直隶等地发行奉票，吴佩孚在湖北强迫通用加印官票、金库券、军需兑换券等。这些纸币都没有足额的发行准备金。如湖南印发2200万元纸币仅有不足100万元的准备金，山东流通的5500万元纸币只有150万银元储备。在1916—1928年，国内至少有19家省银行，其中17家印发自己的货币。有的军阀甚至发行军用票，如

① 陈志让:《军绅政权——近代中国的军阀时期》,生活·读书·新知三联书店1980年版,第117-118页。

② 章有义:《中国近代农业史资料:1912—1927》第二辑,生活·读书·新知三联书店1957年版,第590页。

③ 黄主一:《川北农民现状之一斑》,《东方杂志》1927年第16期,第35页。

张作霖所发的奉票。普通民众当然不接受这些纸币，但军阀用纸币支付军队的军饷来强制其流通，或者用其他手段来使用纸币。

这些地方纸币既缺乏政府信用，又难以兑现。军阀战争频繁，地盘随时变动，因而地方纸币极易贬值，甚至一夜之间变成废纸。当时的人认为："今日之纸币，已充斥国内，若增发不已，势必成为废纸也。"[①]1920年，湖南南部不兑现纸币多达162.8万元。1917年，奉票发行1700万元，至1925年激增至51 400万元，信用大跌，价值不断跌落，到1926年时只不及票面价格的10%。东北的其他纸币如吉林官帖、黑龙江官帖、哈大洋票等也都因滥发而不断贬值。张宗昌1925年在山东组织山东省银行，滥发省银行纸币及军用票，到1926年，军用票充斥于市，票价在山东跌落至四折左右，在京、津一带跌落至二、三折。1926年，河南省银行先后发银元钞票总计1200余万元，铜元钞票1800余万吊，银钞平均每元跌落到仅合二角一、二角二，铜元钞每一吊仅值七百二三十文，且稍有破烂，即当废纸。而在河南乡下，纸币早已变成废纸，不再使用[②]。

此外，各地军阀还大肆举借内外债。这一时期，各地军阀外债达80多项，总额为9000万元，大约是1916—1927年国家外债总数的六分之一，仅奉系军阀的外债总额就达2300万

① 马寅初：《马寅初全集》第三卷，浙江人民出版社1999年版，第420页。

② 章有义：《中国近代农业史资料：1912—1927》第二辑，生活·读书·新知三联书店1957年版，第592–598页。

元。与此同时，各地政府与军阀又纷纷发行地方内债。1926年，山东军阀募集国库善后公债，名为劝募，实则强行摊派。1926—1927年，直隶发行6次直隶公债，直隶善后长期公债、直隶善后短期公债，均按各县地丁数摊派[①]。

即便如此横征暴敛，四处借债，地方财政仍然困顿不堪。例如，安徽省在1921年度债务累积达500万元，1922年度行政费360万元，新旧军费380万元，资金不敷支付，借款拖延，还款无期。县知事为筹集资金奔走，使尽浑身解数，也总是进展不大，所获不多。军队直接到县里索取资金，索取到的资金送到省里，又请求省里拨给军队。再如江西省，1923年正月，财政支出不足额省署3个月、省议会8个月、教育会6个月、警备队12个月、实业厅12个月、裁判所12个月，其他学校等则压根未列入。实际上各部门财政处于独立状态，实业厅收入自行留用，裁判所留用诉讼费，实际不足金额3个月左右。但是既无进项又不拥有武力的部门如教育部门则陷入困穷，教员无薪水可领，学校关闭，教育荒废[②]。

由此可见，各地军阀之间或明或暗的争斗，导致军阀所控制的地方财政仅为了保证可靠的军费来源，对地方治理造成的却是负面效果。根据陈志让的估算，从1912年到1928

① 财政部财政科学研究所:《中国财经改革研究报告:1996—1997》,经济科学出版社1999年版,第783-784页。

②（日）长野朗著,李占才译:《中国的财政（续）》,《民国档案》1994年第4期,第126-138页。

年，中国的军费最低在24亿元左右[1]。根据吴承明的估算，到1920年，中国整个产业资本才25.7亿元左右，本国工业资本不过5.6亿元而已[2]。虽然有阎锡山等少数军阀能在一个局部区域维持长期统治，也热心于当地的社会经济建设，但绝大多数军阀对地方的控制是短期的，这种短期统治必然使他们要在最短的时间内最大化所压榨的财政收入。因而，这种在武力割据基础之上的地方财政并不具有可持续性。

① 陈志让：《军绅政权——近代中国的军阀时期》，生活·读书·新知三联书店1980年版，第160页。

② 许涤新、吴承明：《中国资本主义发展史（第二卷）：旧民主主义革命时期的中国资本主义》，人民出版社1990年版，第1066页。

第四章　以地方外债为例的近代财权博弈

第一节　地方外债的产生

一、用于“借师助剿”的早期地方外债

所谓地方外债，一般是指地方政府向外国政府或洋商行号民间举借的债项，而非中央政府对外举借的国债①。换言之，地方外债即地方政府外债。近代外债诞生伊始便具有地方性质，而清廷中央却始终不愿意将举借外债的权力彻底授予地方。根据马陵合的研究，晚清外债可分成三个阶段：第一阶段，从1853年至1866年，通变权宜，以应急需阶段；第二阶段，从1867年至1894年，议请借用，定为政策阶段；第三阶段，从1895年至1911年，苟安目前，弥缝一时阶段②。清廷中央在不同阶段对地方外债的政策，均随时势之不同而

① 马陵合：《晚清外债史研究》，复旦大学出版社2005年版，第39页。

② 马陵合：《论晚清地方外债的阶段性特点》，《安徽师范大学学报（哲学社会科学版）》1996年第1期，第28-36页。

变化。由此，以近代外债的演变过程为研究对象，能清晰地反映出近代中央与地方之间财权此消彼长的博弈过程。

以1953—1866年的第一阶段来看，与外人接触较为频繁的东南地区省份的地方官员共向洋行举债17次，总额约228.7万两[①]。早期举外债次数与数额皆较少，这与清廷中央借助西方军队镇压太平天国起义的“借师助剿”政策有关。所谓“借师助剿”政策，指的是各地官员借助外国军力与财力镇压太平天国等起义的策略。1853年3月初，为了阻止太平军沿江东下攻占南京，钦差大臣向荣在九江，江苏巡抚杨文定在南京同时致函苏松太道道台兼江海关监督吴健彰，要求他雇用外国军舰。向荣曾上奏说：“上海泊有火轮船，查此项战船，未识是否夷船？抑或内地仿造？闻上海道吴健彰于夷情最为熟悉，臣现已飞札该道酌量情形，系夷船如或赁或借，必得设法办理，配齐拖舶舢板等项战船，委任明干员弁管带，由该道亲督催趋，前赴江南省听候调遣剿捕。”[②]1853年3月29日，太平军立都南京。随后，清廷派向荣在南京孝陵卫建立江南大营，同时派钦差大臣琦善在扬州三汊河建立江北大营，从南北两个方向夹击南京。吴健彰也雇募“英国、美国夹板船三只，议价银洋一万三千元”。清廷中央迫于“目下江南势难收拾”，“自应如此办理”，并要求江苏地方官员“竭力

① 中国人民银行总行参事室:《中国清代外债史资料:1853—1911》,中国金融出版社1991年版,第136-137页。

② 中国史学会:《中国近代史资料丛刊:太平天国》七、八,上海人民出版社1957年版,第50页。

筹办，责无旁贷”[①]。

1853年9月，上海小刀会自称太平天国部属，奉洪秀全为领袖，在上海发动起义，逮捕了苏松太道吴健彰。吴健彰被俘后，偷偷写信给英美两国驻上海领事，要求他们利用领事外交权营救自己。英美领事表面上承认两国已宣告中立，“在此处境下干预此事，殊不相宜”[②]。但事实上，英国领事威妥玛和美国驻华公使马沙利、美国领事金能亨都积极活动，最终将吴健彰及其家属营救并转移到租界。美国军队随后抢走了小刀会俘虏的清军兵船及枪械弹药，交给吴健彰。此外，美国人帮助吴健彰建立炮台，训练军队，制造进攻小刀会的炮车。当时一些外国商人走私军火卖给小刀会，也被英、美、法等国领事严行禁止。吴健彰以江海关关税为担保，向外商借款以雇募洋船洋炮攻打小刀会。最终，在西方列强的帮助下，清军镇压了小刀会起义。

1854年7月，广东天地会发动起义，两广总督叶名琛令前广州洋商伍崇耀向广东美国旗昌洋行借款26万两。广州清军在英、美、法的援助下镇压了天地会起义。该款项后来由清广东地方政府迫使伍崇耀以“助饷”的名义代为偿还。1857年，闽浙总督王懿德为了镇压福建小刀会起义，以关税为担保向福州英商借款50万两[③]，并承诺“以本埠及其他贸易港口

① 中华人民共和国财政部、中国人民银行总行：《清代外债史资料：1853—1911》上册，1988年版，第1–2页。

② 郭豫明：《上海小刀会起义史》，中国大百科全书出版社上海分社1993年版，第146页。

③ 周志初：《晚清财政经济研究》，齐鲁书社2002年版，第93–94页。

的关税为担保”[1]。这是近代以来，首次由政府出面以关税担保来举借外债的事例。1858—1859年，钦差大臣两广总督黄宗汉为筹集军饷，委托伍崇耀向美商旗昌洋行借银32万两，月息6厘，收缴省库。后清政府又试图迫使伍崇耀的伍怡和行商及家属伍崇晖等代为偿还，但在美国公使蒲安臣的压力下，清廷中央被迫由粤海关税银项下偿付本金，伍崇耀的伍怡和洋行则承担利息的偿还[2]。

第二次鸦片战争之前，“借师助剿”政策均为地方政府所为。如上海当时的地方官员吴煦和商人杨坊合作，委托杨坊女婿华尔组织洋枪队，以抵抗太平军的进攻。地方官绅认为，只有借助洋人武力才能保护自己的利益。如1860年7月，王瀚致书吴煦称：“领兵员弁须用外国武官，藉以钳制也。今官军骄悍者不可用，萎靡者不自振，或欲养贼以挟制上官，从未交锋，纷然骇窜，刑不畏威，赏不感恩。两广、两湖、四川、江西之兵，皆老于行伍，积习尤坏。中国之法，将在后而兵在先；外国之法，将在先而兵在后。兹以外国武官一员，领兵或数十人或数百人，其上则领数千人数万人，而配以中国官一员，通事一名。每战则外国官首先冲锋，而我军随后奋进，有退缩不前者，立置军法，中国官亦临阵弹压，计其功过，如是则借兵少而收功广矣。”“广东、

① 中华人民共和国财政部、中国人民银行总行:《清代外债史资料:1853—1911》上册,1988年版,第4页。

② 中华人民共和国财政部、中国人民银行总行:《清代外债史资料:1853—1911》上册,1988年版,第6–10页。

山东、宁波人之居沪者，多有孑然一身，无室家之患，募之为勇，可兔滋事意外之变，然宜处置近乡与外国兵相联络……”“当此全省皆遭蹂躏，而上海以弹丸一隅，独为安土，固宜来者之众，然鱼龙混杂，辨之不可不早。英法二国，其妻孥货财房屋皆在于此，固通商之重地，理宜自卫，凡有奸宄自可会同究诘。内奸不生，外乱不超，加以西兵守城，乡勇捍外，自可措此地于磐石之安。夫善为守者不在城之大小，而系乎人之轻重。”①再如1860年9月，常镇通海道道员乔松年致吴煦的函中强调：“闻沪上恒有募勇之举，即泰州亦屡见有仙女庙招勇赴沪之辈。……在求派募勇之员弁，总以伊素识有四川、湖南敢战之勇若干，可以招来，当必出力得用。言之动听，其实并无此事。……川、楚不过十余人以为头目，其余皆系南京、扬州人，此两地之人最为浮薄，难于击贼，易于为乱。……沪上半赖洋人助我，而乡民亦尚肯团练，与其雇乌合之勇，不及雇用洋人……”②

清廷中央的想法却迥异。如1861年6月，福建巡抚徐宗幹向英、法两国洋商两次凑借银40万两，于粤东应解闽款项下汇还20万两，本省自行措还20万两，以济军饷。后本省搜索无遗仍无法按期归还，又借10万两新债以还旧债。清廷对此极为不满，发布上谕称：“惟粤省本有应协浙省之饷，亦有

① 太平天国历史博物馆：《吴煦档案选编》第一辑，江苏人民出版社1983年版，第309–310页。

② 太平天国历史博物馆：《吴煦档案选编》第一辑，江苏人民出版社1983年版，第406页。

欠解闽省之饷；且各该商人于各口均有应纳税项，若概行汇借，将来各省效尤，难保不致生轇轕。所称洋商向义凑借之语，洋人视利最重，亦难保不致纠缠。”[①]清廷要求将该借款利息、规划期限等各种细节安排的办理方法一概详细具奏，徐宗幹亦不得不遵旨照办。清廷中央虽然对地方借外债以筹饷的行为极为警惕，但军事之紧迫与财政的窘迫容不得清廷有半分疏忽与懈怠。如在1854年年初，清廷要求曾国藩率军援鄂，筹备炮船，肃清江面，驶入长江，顺流东下，直赴皖省。但湘省防堵太平军耗费甚多，鄂、赣两省亦各耗数十万两，湖南藩库亦“仅存银五千两，即起程一月之粮，尚恐难备”[②]。清廷中央在制度上要求地方外债必须要经过中央授权、批准或认可，但在形势紧迫的情况下，也不得不听任地方自主举债，以“借师助剿”镇压各地起义。

二、清廷中央举债“借师助剿”之政策的确立与实施

与清廷相反的是，西方列强对于“借师助剿”政策十分积极，他们一直试图借款借师予清廷镇压各地起义，以攫取更多的政治与经济利益。早在1853年，美国人就提出“愿派兵来助剿”。1860年，清廷与英、法、俄等国签订的条约换约后，法国公使“于宴会间，自夸其船炮之坚利，谓大国如有所需，听从销售。若欲仿式制造，亦肯派匠役前来教习演

① 中华人民共和国财政部、中国人民银行总行：《清代外债史资料：1853—1911》上册，1988年版，第15-16页。

② 李瀚章：《曾文正公全集》二，中国书店2011年版，第42页。

试。又请于海口助中国剿贼，所有该国停泊各口之船兵丁悉听调遣”[①]。俄国公使见恭亲王奕䜣等面称：“发逆在江南等处横行，请令中国官军于陆路统重兵进剿，该国拨兵三四百名，在水路会击，必可得手。”又称：“明年南漕运京，恐沿途或有阻碍。伊在上海时，有咪国商人及中国粤商，情愿领价采办台米、洋米运津。如令伊寄信上海领事官，将来洋船、沙船均可装载，用俄、咪旗帜，即保无虞。”奕䜣认为：“中国剿贼、运漕，断无专借资外国之理”，但“江浙地方糜烂，兵力不敷剿办，如借俄兵之力帮同办理，逆贼若能早平，我之元气亦可渐复”。同时要预防“该国所贪在利借口协同剿贼，或格外再有要求”[②]。由此，奕䜣正式向朝廷提出“借师助剿”政策的建议。

咸丰帝与所用重臣肃顺一向对外人怀有敌对情绪。对于奕䜣的建议，咸丰帝强调：“借夷剿贼，流弊滋多。然不用其剿贼，又恐其与贼勾结。惟有设法牢笼，诱以小利。佛夷贪利最甚，或筹款购买枪炮船只，使其有利可图，即可冀其昵就。”[③]咸丰的思路与曾国藩不谋而合。曾国藩曾上奏咸丰帝称：“驭夷之方，达变之略，……庶在我足以自立，在彼亦乐与有成。……自古外夷之助中国，成功之后，每多意外要求。彼时操纵失宜，或致别开嫌隙。似不如先与约定兵船若干只，雇价若干，每船夷兵若干，需月饷若干，军火一切经

① 夏燮：《中西纪事》卷二十，清同治刻本。

② 李瀚章：《曾文正公全集》二，中国书店2011年版，第430页。

③ 蒋廷黻：《近代中国外交史资料辑要》上卷，东方出版社2014年版，第301页。

费若干，一一说明。……驭夷之道，贵识夷情。以大西洋诸夷论之，暎咭唎狡黠最甚，咈郎西次之，俄罗斯势力大于暎、咈，尝与暎夷争斗，为暎所惮。咪唎㗳人，性质醇厚，其于中国素称恭顺。”[①]原两江总督、钦差大臣薛焕据苏省绅民呈禀，上奏朝廷请借洋人剿贼。1862年，清廷寄谕曾国藩称：“洋人之在沪者，恐不足恃。其与我和好，究话惟利是图。一有事机吃紧之时，往往坐观成败。若欲少藉其力，必至要结多方，有情理所断不能从之处。”曾国藩基本代表了湘淮系集团的意见，他认为：“宁波、上海皆系通商码头，洋人与我同其利害，自当共争而共守之。苏、常、金陵本非通商子口，借兵助剿，不胜为笑，胜则后患不测。目前权宜之计，只宜借守沪城，切勿遽务远略。”即使借洋兵以助剿，也只能“借洋兵以助守上海，共保华洋之人、财则可”，而不可“借洋兵以助剿苏州，代复中国之疆土”[②]。

咸丰帝死后，慈禧与奕䜣发动辛酉政变，将以肃顺为首的顾命大臣集团一网打尽。同时，太平军攻占了东南财赋之重地，清廷的财政困难日益加重。此外，第二次鸦片战争后，清廷中央与西方列强达成和解。在这一形势下，尽管遭到曾国藩等人的反对，清廷中央仍于1862年2月颁布旨意：“借师助剿一节，业经总理衙门与英、法住京使臣商酌。……英法文武各员颇为出力。且法国轮船为我开炮击贼。是其真心和好，固已信而有征。……想洋人见此，亦必愿为我出

① 李瀚章：《曾文正公全集》二，中国书店2011年版，第178页。

② 李瀚章：《曾国藩全集》奏稿（二），中国华侨出版社2003年版，第630–631页。

力，自明心迹。亦何肯袖手旁观，甘于畏惮贼匪，致形孱弱。军务至紧，若必俟总理衙门在京商酌，转致稽迟。所有借师助剿，即着薛焕会同前次呈请各绅士，与英、法两国迅速筹商，克日办理。但于剿贼有裨，朕必不为遥制。其事后如有必须酬谢之说，亦可酌量定议，以资联络。至江北及闽、广调往师船均为剿匪而设，并着薛焕知照洋人，庶免疑贰。"[1]这标志着清廷中央正式确立了"借师助剿"政策，举借外债亦成必然之势。

随后，清廷下令将华尔洋枪队改名为常胜军，赏赐首领华尔、白齐文三品顶戴，奕䜣也照会英国驻华公使对英法联军在上海与清军的协同作战表示感谢。1862年，薛焕、吴煦等人在沪成立中外会防局，并"以多金啖洋商争愿承者"，"召洋商贷金如数"，以20.5万两将李鸿章的淮军从皖省泊至上海[2]。据统计，1862年，自正月至六月上旬仅以5个月10日计，"将前两年积欠，暂缓议及，本年亦未偿还丝毫旧欠"，上海司、道、关三库共收银243万两，英、法两国四成赔款及长江代征税均在其中，共放银323万两，计不敷之数约89.7万两。"因英、法二国第六结赔款届期，急无可措……尚凭英领事及会防局官绅力为担保，始克允借。议分五个月偿还，除五六两月偿银十六万两外，尚未还银二十四万两"，实计不敷

① 蒋廷黻:《近代中国外交史资料辑要》上卷，东方出版社2014年版，第305页。

② 中华人民共和国财政部、中国人民银行总行:《清代外债史资料:1853—1911》上册，1988年版，第11–12页。

之数约115.7万两[①]。还有4月向英商阿加剌银行新借外债40万两，本金在海关收税项下每月扣存银两分偿，“言明按月柒厘起息，期至明年三月底，本利一并清还”[②]。类似这样的借款1861—1865年发生过多次。其中，江苏地方官员共借外债9次，包括苏松太道吴煦出面商借的苏松太道借款5次，由江苏巡抚薛焕和李鸿章认可的江苏借款4次。此外，在1867年之前，还有福建巡抚徐宗幹为协济军饷而办理的4次福建借款，以及广东巡抚郭嵩焘办理的广东借款。这些外债多未上报清廷中央，清廷中央由于局势所限亦默认其存在。

总的来看，这一时期的地方外债主要用于“借师助剿”政策。对于清廷来说，这是一种临时性的权宜之计，并未将外债视为政府财政收入之一。此外，这一阶段的外债数额极低，影响极小，但其意义极为重大。这一时期“借师助剿”政策的确立获得了西方列强财力与武力的支持，清廷得以在狼烟四起、危机四伏的局面下死里逃生，将政权延续了五六十年之久。但是，清廷中央并不情愿依赖外人的财力与武力，在太平天国起义显然面临失败且清廷统治得到巩固的情况下，清廷中央开始着手裁撤洋枪队等外人武装，并逐渐收紧地方举借外债的权力。

1864年5月，常胜军首领戈登奉英国政府命令，让所有分

① 太平天国历史博物馆：《吴煦档案选编》第六辑，江苏人民出版社1983年版，第522页。

② 中华人民共和国财政部、中国人民银行总行：《清代外债史资料：1853—1911》上册，1988年版，第14页。

派出去和戈登一起在常胜军服役的英国军官最迟必须在1864年6月1日前回英国。李鸿章借机上奏朝廷称："常胜军洋枪队近来老勇大半逃亡，逐渐新募打仗不甚得力，欲将枪队调回昆山妥为遣散，以节糜费，暂留炮队六百人并外国大小炸炮送交臣处派员接管。"[①]英国领事巴夏礼和赫德都反对遣散常胜军，苏松太道丁日昌与英方展开交涉，最终常胜军被遣散。军中外国弁目104名，受伤颇多，除月饷外，按名酌给赏恤途费自75元递增至4000元不等。勇丁除月饷外，其分领赏恤者共2288名，自2元递增至100元不等。又海生轮船、炮船、枪船暨通事书识等分别给赏，共用遣散经费洋银约12.3万元，又补给月饷6万余元。留下炮队600名，炮30多门，委用副将罗荣光管带，驻扎在苏州城外浒关，留洋弁目11名担任教练；留洋枪队300名，驻扎昆山，由李恒嵩督率巡防。戈登临走前还草拟了一份炮队章程，让李鸿章甚为满意[②]。实际上，李鸿章本人从私人关系角度对戈登十分信任。1880年，《中俄伊犁条约》纠缠不清之时，李鸿章欲聘戈登为将，戈登也答应一旦中俄开战愿意放弃英国国籍，成为中国人。但由于种种原因，李鸿章未能如愿[③]。戈登离华临别时交了一份由李鸿章转呈总理衙门的备忘录。这份备忘录共有20条，包括

① 顾廷龙、戴逸:《李鸿章全集》奏议一，安徽教育出版社2008年版，第491页。

② 顾廷龙、戴逸:《李鸿章全集》奏议一，安徽教育出版社2008年版，第498-499页。

③（美）史密斯:《十九世纪中国的常胜军:外国雇佣兵与清帝国官员》，中国社会科学出版社2003年版，第212-217页。

清廷军务、外交、经济、交通和海关等各项事务[①]。该备忘录对后来的洋务新政与军事、财政制度改革极具参考价值。

此外，“阿斯本舰队事件”亦能反映出清廷对外人的警惕之心与裁撤外人军力的决心。1863年，为剿灭太平天国水

① 特将备忘录原文照录如下：“一、凡中国与外国议约，须在中国商议。因中国官员若往外国，易于受蒙，必致失其本心，终于获罪。二、凡中国与外国商议条约，须多用文字，少用语言。文书以简明为贵，应将约内各款之意写出，暗询各国。因各国互相忌嫉，若某国于某款内有使中国吃亏之处，别国必为揭出。三、中国现有深通外国语言文字之人，中国大员并不重用，所用者多非通材。须知中国通晓外国语言文字之人，必有能替中国办事，较用洋人之通华语者受益多矣。中国官员当知洋人之议论如何，是以华人既能通晓洋文，必得重用，以鼓励之。至于该员等是否诚实，应察其所为之事，不可听传说之言。四、中国延请洋人教导各事，但此等洋人到华，往往使其有为难之处。须知中国既请洋人教导，华人必当受教，洋人多有好心，与华人相同者。若华人不愿受教，不如不请洋人为愈。五、中国必为自强之计，否则洋人不能相助整顿一切，务须逐渐兴办。此条必须切记。六、中国一日以北京为建都之地，则一日不可与外国开衅。因都城距海口太近，洋兵易于长驱直入，无能阻挡，此为孤注险着。七、现在中国陆军劲旅无多，是以水师并无退步，终于无用。中国宜先整顿陆军，然后再议水师。八、所购炮船，甚为失计。若当时以购船之款，尽购后膛洋枪较为有益。可否将此等炮船卖去，俟练成陆军之后，再行添购炮船。九、中国须遍地设立电报，并修理运河，此二事较整顿水师尤为紧要。中国有不能战而好为主战之议者，皆当斩首。中国欲与外国争胜，当使华商自往外国，径向制造厂家购买各货，则洋商不能于中取利，必将自去。中国应多方帮助华商出洋办货，令其纳税较洋商略少。十、中国须设电报学堂，造就学生，则电报可由中国自行管理。若中国不设电线，不啻耳无所闻矣。十一、总税务司宜令驻扎上海，除管理关税外，不应搀越他事。若中国与外国公使谈论各事，不必更使他人从中介绍。十二、中国当责成出使大臣承办采购外洋军火，如中国与各国驻京公使有议论不谐之事，当令出使大臣在外商办。十三、中外交涉未结之案甚多，中国宜派专员查究，并从公道了结。因各案不结，外国不无介意，实于中外交情有碍。十四、中国应有专管陆军大臣一员，并专管水师大臣一员，该二员须常往各处巡视一切。十五、自通州至北京宜设马车铁路，以便速运粮米，如有阻扰此事者应斩首。十六、吴淞口外拦港沙，宜设法疏浚。十七、中国应派员赴香港、澳门查办贩运私盐之事。十八、中国宜在香港、澳门处各设领事一员。十九、凡船只由香港、澳门装货出口，应令出具舱口清单，注明所装货物，并开往何处。遇有贩运私盐等事，由领事等查出，酌拟办法，详请大员核定。二十、中国急宜设立税务学堂，令华人学习关税事宜，以备接替洋人。此等学生须多方鼓励，详加考验，学成之后，即令代替洋人。既用华人管理税务，亦须酌照洋人之例优给薪水，倘有弊端，即应斩首。如人无钱不能养家，必不能安心办事，所以薪水不可不足也。”见顾廷龙、戴逸：《李鸿章全集》信函四，安徽教育出版社2008年版，第576–577页。

师，清廷委托海关总税务司李泰国从英国购买军舰，组织新式海军舰队。该舰队投资经费原定65万两，后增至80余万两，又借英国外债15万两。后在上海向洋商借款12万两，总共花费107万两。但代表英国政府的李泰国希望通过这支小舰队来加强对清廷的控制，以符合英国的在华利益。为了直接控制舰队，李泰国无视清廷权威，竟以中国全权代表的身份于1863年1月16日擅自与阿斯本订立了“合同十三条”。该合同规定阿斯本为舰队的总统，任期4年，全权负责并指挥“中国所有外国样式船只或内地船雇外国管理者，或中国调用官民所置各轮船”；舰队官兵皆由李泰国、阿斯本自行选用；阿斯本只接受中国皇帝的谕旨，但须由李泰国转达，他人转达则无效；阿斯本不能服从的命令，李泰国则可拒绝向其转达；等等。清廷得知后大为恼火，针锋相对地制定了轮船章程五条，要求“中国所购之火轮兵船，由中国选派武职大员作为该船之汉总统”，延请阿斯本担任“帮国总统”。舰队作战应听从所在督抚的节制调遣，行兵进止由中国主持[①]。中英双方的矛盾始终无法解决，最终在1863年11月，清廷决计遣散该舰队。全部舰船由英国负责变价出售，所得款项交还清廷。清廷由李泰国向洋行借垫款项，承担阿斯本和所雇官兵9个月的月薪工银、回英路费共37.5万两，以及阿斯本赏银1万两[②]。“阿思本舰队事件”共产生3笔外债。由此可见，无论是

① 张侠等:《清末海军史料》,海洋出版社1982年版,第162–165页。

② 中华人民共和国财政部、中国人民银行总行:《清代外债史资料:1853—1911》上册,1988年版,第29–32页。

“借师助剿”还是裁撤洋兵都需要地方外债的支持，而早期地方外债就一事举一债的临时性、应急性、地方性等特征则一览无余。

第二节　清廷地方外债的监控及失控

一、清廷强化对地方外债的监控

太平天国起义被镇压后，内外政治格局发生了变化，清廷对地方外债的监控越来越严格。据统计，1867—1894年的第二阶段，地方官员举借外债共25次，外债总额约5748.8万两[①]，远高于第一阶段的外债数额。这一期间主要的借债用途包括：第一，左宗棠6次西征外债；第二，中法战争军费外债；第三，中日战争备战外债。

1866年年底，左宗棠任陕甘总督，负责西征事宜。陕甘筹饷之艰异于诸省，这是因为西北“地方荒瘠，物产非饶，一也。舟楫不通，懋迁不便，二也。各省虽遭捻逆、发逆之害，然或旋扰旋复；或腴区被扰，瘠地犹得苟全；或冲途被扰，僻乡犹能自固。陕甘则汉回错处，互相仇杀，六七年来并无宁宇。新畴已废，旧藏旋空，搜掠既频，避移无所。三也。变乱以来，汉回人民死亡大半，牲畜掠食鲜存，种艺既乏壮丁，耕垦并少牛马，生谷无资，利源遂塞。四也。兵勇

① 马陵合:《论晚清地方外债的阶段性特点》,《安徽师范大学学报(哲学社会科学版)》1996年第4期,第28-36页。

饷数，各省虽赢缩不同，然日食所需，尚易点缀，以粮价平减，购致非难故也。陕甘则食物翔贵，数倍他方，兵勇日啖细粮二斤，即需银一钱有奇，即按日给予实银，一饱之外，并无存留，盐菜、衣履复将安出？五也。各省地丁、钱粮之外，均有牙厘、杂税、捐输各项，勉供挹注。陕西厘税每年尚可得十万两内外，甘省则并此无之，捐输则两省均难筹办。军兴既久，公私交困。六也。各省转运虽极繁重，然陆有车驮，水有舟楫，又有民夫足供雇运。陕甘则山径荦确，沙碛荒远，所恃以转馈者，惟驮与夫。驮则骡马难供，夫则雇觅不出。且粮糗麸料，事事艰难，劳费倍常。七也。用兵之道，剿抚兼施。抚之为难，尤甚于剿。剿者，战胜之后别无筹画；抚则受降之后，更费绸缪。各省受降，惟筹给资遣散，令其各归原籍而已。陕甘则衅由内作，汉回皆是土著，散遣无归，非筹安插之地，给牲畜籽种不可。其未及安插之先，非酌筹口食之资不可。用费浩繁，难以数计。八也”[①]。因此，在西北地区，左宗棠无法通过厘金等方法来就地筹饷。虽然左军在军事上节节胜利，但在军饷上困难重重。

鉴于此种情形，1867年，左宗棠上奏建议“用东南之财赋，赡西北之甲兵”[②]，并称：“臣维甘肃饷事，向恃外省协济；陕省饷事，向恃本省钱粮。……各省协甘之饷仍拟解甘。其由臣奏定的饷解济臣军者，福建每月四万两，广东每月四万两，浙江每月加给二万两而已。以之支给臣军饷需，

① 左宗棠:《左宗棠全集》奏稿三，岳麓书社2014年版，第677–678页。

② 左宗棠:《左宗棠全集》奏稿三，岳麓书社2014年版，第684页。

约计每月已短四五万两。……各省协饷……分给各营，而军士以之清还逋欠、划扣粮价，已无涓滴存留。”左宗棠举出东南先例及国外成例，“从前江苏沪防吃紧时，曾有由关督出印票，督抚加印，向洋商借银充饷成案。臣在福建亦曾行之，事赖以济。……闻外国每遇有兵事，贷兵饷于众商，指税项归款，商情乐从，事亦易集”。他认为“中国仿照行之，未为失体”，于是下令“上海采办转运局委员、福建补用道胡光墉，试就上海洋商议借银一百二十万两，照江苏办过成案，由关税项下拨还”。此外外商认为，“现值丝茶两市方兴，需用甚多，其息银须较前加一二厘”[①]。左宗棠咨会海关、各省督抚臣，将各省同治六年（1867）7月至12月应协甘饷银数咨行闽海各关监督出印票，督抚加印，向洋商借银120万两，并将印票发交胡光墉，会同江苏苏松太道应宝时，与洋商交割。一面即由汇票局汇兑山西解州，一面遴委员弁持汇票迅解左营。总计闽海关代借银24万两，粤海关代借银24万两，浙海关代借银42万两，江汉关代借银12万两，江海关代借银18万两，均由各关监督出付印票，并由督抚臣加盖关防，给洋商收执。除江海关本系应协甘饷外，其余各关代借银两，仍由各省藩司按月拨交各关以清款项。所有息银、汇费，应请旨准在左宗棠处分别报销。由此“将来协饷抵解关库，其补平银两，由各省藩司补足，统归甘饷内划扣。似此设法筹借，在各省仍只按月应协之款，并未提前；在各关旋垫旋收，并无增损；在各督抚臣只经手过目，并无烦劳；在陕甘

① 左宗棠:《左宗棠全集》奏稿三，岳麓书社2014年版，第356–358页。

费十余万两息银，先得百二十万两应手之现饷”[1]。这是清廷首次以政府名义举借的外债。随后左宗棠又于1868年1月，通过胡光墉借外债100万两，月息一分五厘，期限10个月，由江、浙、闽、粤海关及江汉关摊还[2]。前两次西征借款约占西征军费的15%，有力地支持了左宗棠的陕甘用兵。

第三次到第六次西征借款主要用于左宗棠收复新疆的军费。1875年4月，左宗棠曾上奏朝廷称：西征以来，“凡军需、军粮、军火、军装、转运、赈抚、津贴、召募一切，均挪移饷项，暂应急需，未尝另立款目”。户部后议拨各省关厘金协济左军。撤遣冗兵溃卒，抚辑土匪，安插回民，用费日多。甘肃旧军均照左军标准每月发给盐菜、粮食、寒衣及转运费等。每年所获实饷不满500万两，实际支出军饷却在800余万两以上。截至1874年年底，欠常年饷820余万两，挪空恤赏银30余万两，而各省关积欠军饷则高达3000万两。“肃州克复后，筹办采粮、转运”，新旧垫价实银共310余万两，尚短实银数十万两。“溯查沿海五省，同治十一、十二两年每年解到协饷约近三百万两。上年台防事起，福建奏停不解，广东、江苏解款稍减，而浙江则比十一年多解二十九万两，比十二年多解三十七万两，山东亦多解二万五千两。四省牵算，所解实银尚二百四十余万两。非赖广东、江苏，浙江、山东疆臣公忠之谊，则出关粮运巨款欲停不可，欲垫不能，

① 左宗棠：《左宗棠全集》奏稿三，岳麓书社2014年版，第358页。

② 中华人民共和国财政部、中国人民银行总行：《清代外债史资料：1853—1911》上册，1988年版，第47-52页。

又不知计将安出也”[①]。尽管左宗棠一再强调“甘饷日形支绌，出关各军待用孔殷”，但各省、关仍视调拨谕令为具文，拖欠十分严重。原本两江每年应协甘饷60万两，浙江每年144万两，广东每年84万两，这些省份的协饷“停缓既多，必难骤应”。左宗棠不得不命令“胡光墉筹借洋商银三百万两，分批汇解臣军，指江苏、广东、浙江三省应协甘饷分作三年还款，其息银仍于三省每年应协甘饷内划还，免其赔累。就三省而言，每年应协甘饷以洋款抵去三十三万余两，应解之款不似从前繁巨难筹，事轻易举”[②]。此为第三次西征借款。

1876年7月，左宗棠又奏借汇丰银行500万两，由胡光墉托上海汇丰银行经手，年息一分二厘五，由浙、粤、江海关及江汉关出票，分7年匀还，此为第四次西征借款[③]。1878年10月，左宗棠向华洋商行各借银175万两，仍由胡光墉经手，月息一分二厘五，6年本息清款，由粤、浙、江、闽海关及江汉关出票，督抚加印，均仍由各省西征饷项内划抵，此为第五次西征借款[④]。1881年4月28日，由胡光墉经手向英汇丰银行借英金约125.5万镑，折合库平银400万两，分6年还清，

① 左宗棠：《左宗棠全集》奏稿六，岳麓书社2014年版，第177-178页。

② 左宗棠：《左宗棠全集》奏稿六，岳麓书社2014年版，第106页。

③ 中华人民共和国财政部、中国人民银行总行：《清代外债史资料：1853—1911》上册，1988年版，第76-96页。

④ 中华人民共和国财政部、中国人民银行总行：《清代外债史资料：1853—1911》上册，1988年版，第104-110页。

利息八厘，由陕甘藩库担保，此为第六次西征借款[1]。六次西征借款合计1595万两。其中后四次西征借款共计约1275万两，占西征军需的88%。左氏的六次西征借款与第一阶段早期地方外债相比在性质上发生了巨大的变化。西征借款一般由清廷中央授权并批准，借款都要经过这样的程序：借款要经谕旨批准，总理衙门遵旨让海关总税务司饬令各省关税务司，对发行之债票盖印签署。由此，清廷不再对外债听之任之，而是由总理衙门掌管外债事务，并规定地方大员借用外债，必须上奏朝廷批准且事后要上报，赋予外债以政府正式借款的名义。因此，这些借款从形式上看是地方外债，但本质上是调剂周转性质的短期国债。同时，因为外债由协饷转化而来，清廷中央对左氏的支持与授权实际上是在与协饷省份争夺财权。而这些省份的敷衍拖延，从形式上看是针对左氏，而实质上是和清廷中央的财权角力。此外，尽管西征债额比早期外债高得多，但由于西征借款只是将协饷提前支用，对协拨省关来说又提前协解，未对中央财政形成债务负担，尚未冲击到清廷传统的财税体系。

中法战争期间，沿海防务经费及部分战费主要还是依赖由地方政府出面举借的外债。从1883年到1886年，历任粤督先后举借6次外债。1884年年初，粤督张树声向汇丰银行借银

---

① 中华人民共和国财政部、中国人民银行总行：《清代外债史资料：1853—1911》上册，1988年版，第116-122页。

100万两，月息七厘五毫，为本省海防之用[①]。6月，张树声向汇丰银行第二次借款100万两办理广东海防[②]。1884年10月，粤督张之洞向汇丰银行第三次借款100万两，月息仍是七厘五毫，用以海防事务[③]。1885年1月，张之洞向汇丰银行第四次借款50.5万英镑，合银约512万两，以“藩运两库还，海关作保，兼用粤关、粤藩印”[④]。以上4次借款主要用于广东本省海防事宜。此外，还有两次借款用于外省防务。1884年年底，粤督张之洞为筹措滇、桂军在越南作战的军饷向渣打银行借款100万两，周息八厘五毫，期限3年[⑤]。1885年年底，粤督李瀚章为援台规越向汇丰银行借款75万英镑，合银约298万两，月息七厘五毫，期限10年[⑥]。此外，还有1885年年初左宗棠办理的福建海防借款100万英镑，合银约393万两，周

① 中华人民共和国财政部、中国人民银行总行:《清代外债史资料:1853—1911》上册,1988年版,第124–132页。

② 中华人民共和国财政部、中国人民银行总行:《清代外债史资料:1853—1911》上册,1988年版,第139–141页。

③ 中华人民共和国财政部、中国人民银行总行:《清代外债史资料:1853—1911》上册,1988年版,第142–145页。

④ 中华人民共和国财政部、中国人民银行总行:《清代外债史资料:1853—1911》上册,1988年版,第157–160页。

⑤ 中华人民共和国财政部、中国人民银行总行:《清代外债史资料:1853—1911》上册,1988年版,第147–150页。

⑥ 中华人民共和国财政部、中国人民银行总行:《清代外债史资料:1853—1911》上册,1988年版,第161–163页。

息九厘，期限10年[①]，以及神机营借款库平银约524万两[②]。

中法战争的主战场在云桂及福台地区，离财赋重地的粤省最近。1885年年初，粤督张之洞向清廷中央提出："朝廷若允借款，由海关认还，粤可向汇丰再借百万，接济云、桂各半，当分批速解，较北洋借、他省拨，尤近便。"[③]然而，外商对地方外债疑虑重重，张之洞在借款的过程中，与英、美、德各外商的谈判十分艰难，外国银行常常出尔反尔，最终张之洞还是向汇丰银行借款。张之洞在向清廷中央各中枢部门的致电中一再强调，粤省借款只是代借，应由各海关偿还。但清廷中央和云、桂等地官员却将粤省借款视为协饷，要求由粤省负责偿还。最终，张之洞的借款均由广东负担。左宗棠在签福建借款的合同时即已将偿还责任明确分摊到各该省、关。总的来看，与西征借款相比，对于中法战争的地方外债，清廷中央不仅严密监控其借款过程，还夺取了地方官员对债款的自由支配权，而洋商对地方外债亦持谨慎态度。这表明，太平天国起义结束后，中央对地方财权的控制与争夺颇有成效。

中法战后，清廷对地方外债的控制愈加严格。1891年11月，清廷再次强调："从前各省督抚，或因军国要需借用洋

① 中华人民共和国财政部、中国人民银行总行：《清代外债史资料：1853—1911》上册，1988年版，第151–156页。

② 中华人民共和国财政部、中国人民银行总行：《清代外债史资料：1853—1911》上册，1988年版，第161–163页。

③ 王彦威、王亮：《清季外交史料》三，湖南师范大学出版社2015年版，第986页。

款，皆须先行奏明，请旨办理，并由总理各国事务衙门，照会驻京使臣以为证据，从未有径向洋商私自订借者。今故抚张曜于未经准销之款滥行支用，又不先行奏明，辄向洋商借用巨款，合同内订明，如该抚升迁即归后任承认，又有如该抚力不能还，即奏明由朝廷归还，并付利息等语，且盖用山东巡抚关防，故洋商亦遂深信不疑。今臣等遵旨妥议，业经按照原请之数，分别指拨的饷，俾得清理借款，惟惩前毖后，承应豫为之计，拟由总理各国事务衙门，照会各国驻京使臣，嗣后中国大小官员，如有借用洋商银两，须令该商先行禀报驻京大臣，问明总理各国事务衙门，果系奏明有案方可借给，若无奏准案据而私自借给者，设有事故，无论曾否盖用关防印信，朝廷概不与闻，亦不能为之代追……”[①]

这一政策一直延续到1984年年底。甲午战争初期，清廷继续延续一贯的政策，多次申明严禁举借外债。直到战局明显不利时，清廷中央才改弦更张，允许借债以筹措战费。甲午战争借款包括汇丰银款、汇丰镑款、克萨镑款和瑞记借款。其中汇丰银款和汇丰镑款是由清廷中央的总理衙门及户部举借，由张之洞操办的瑞记借款和克萨镑款则是地方外债。恰好张之洞在战时负责淮军军饷，但财政窘迫，不得不请求清廷中央准予借债。因战局不利，张之洞的建议得到了光绪帝及慈禧的批准。1895年，张之洞通过瑞记洋行代理向德京德国银行、德京海德公司和韩博克布伦洋行借款100万英

① 中华人民共和国财政部、中国人民银行总行:《清代外债史资料:1853—1911》上册,1988年版,第229页。

镑，实收96万英镑，周息六厘，期限20年，由海关担保，江苏盐课、厘金和筹捐等款项下归还，甲午战争后该债款移作裁兵、练兵之用②。同年张之洞由英京麦加利银行代理向英国克萨银行借款100万英镑，实收95.5万英镑，周息六厘，期限20年，由海关担保，甲午战争后债款改为作裁勇、练兵之用。

总的来说，中日战争期间所借外债的次数和数额不及中法战争时期。这一期间，中央政府对地方举债进行更加严格的限制，并由政府亲自出面举借。这一时期外债的政治色彩开始明显加重，由于大部分外债需要海关担保，海关偏向于清廷中央的财政集权，从而成为地方外债的主要障碍。清政府试图恢复将外债管理控制权统一于中央，所以对外债采取谨慎举借和加强监管的态度。

二、清廷对地方外债的失控

甲午战争之后，清廷地方外债进入第三阶段。在这一时期，清政府秉持的原则仍然是限制地方外债，防止地方获取独立的借债权。1903年10月，清廷外务部照会各国驻华使领，强调“嗣后中国大小官员，如有借用洋商银两，须令该商先行禀报驻京大臣，问明总理各国事务衙门，果系奏明有案方可借给，若无奏准案据而私自借给者，设有事故，无论曾否盖用关防印信，朝廷概不与闻，亦不能为之代追。如此

② 中华人民共和国财政部、中国人民银行总行:《清代外债史资料:1853—1911》上册,1988年版,第268-282页。

豫为防维，庶足以杜效尤，而弭后患”[②]。1906年年初，清廷对于地方举借巨额外债明确指出：“外洋所谓国债，亦商民借助为多，即不得已而贷诸邻，实合全国通筹，以执政者操其消息。岂若中国各分行省疆吏自理其财，至不足而举债于人，犹是内顾一隅之计，焉得以国债例之。……华洋各商林立，非粤省所能专利。若铁路、矿务、官纸局、自来水等项，又非经年累月所能告厥成功，是其创办之初，每年先增百万之还款，所得未必偿所费也。方今昨势所迫，不能不变法自强。即筹款之为难，尽人亦当相谅，乃必以千万之资并举，恐难确有把握。倘不幸取快一时，遗他日无穷之患，恐疆臣不能当此重咎。……臣部权衡财政，实不得不郑重于其此间也。”[③]1907年，度支部上奏称：“各省因久处困约，多拟借贷外债，以办要政、兴实业。……臣等正以物力艰难，当悉索之余，思与各省稍谋休患，若此时再兴外债，其如何筹还之法，臣部既无术点金，势必至仍旧摊派各省，是以前此之亏累为未足，又从而益之，则民困永无苏息之日，后患真不堪设想矣。至于各省自借自还，在臣部似可稍宽其责任，然天下财赋止有此数，若各省以负债之故，自顾不遑，原有京协各饷即不至藉词截留，万一有临时要需，势将何所取给，且以内外一体，休戚相关，亦断无各私一隅之理。……

② 中华人民共和国财政部、中国人民银行总行:《清代外债史资料:1853—1911》上册,1988年版,第229页。

③ 朱寿朋:《东华续录(光绪朝)》光绪一百九十八,清宣统元年上海集成图书公司。

地方要政所需，只可就地筹办，……应请旨饬下各省督抚，嗣后兴办一切，应就地方筹措，不得轻易息借外债，以防危害而维大局。”[③]

1908年，清廷着手清理财政时，度支部奏称：“清理财政要义有二：曰统一，曰分明。本此二义，于分年筹办之初，而为臣部职权所应及，与现在急当整理者有六：外债之借还，宜归臣部经理。在京各衙门所筹款项，宜统归臣部管理。各省官银号，宜由臣部随时稽核。各省关涉财政之事，宜随时咨部以便考核。直省官制未改以前，各省藩司宜由部直接考核。造报逾限，宜实行惩处。综此六端，虽不足尽财政奥蕴，实为九年中分年筹办初基所托。明知办理之难，不敢不竭力图维，期以必行。”[④]很快，清廷中央由会议政务处咨查各省借用外债数目，并决定由政务处会同外务部新定借用外债办法；同时要求度支部先查已借各款，汇案奏结。为了对地方举债进行控制，度支部向各地派任监理财政官，发行《清理财政官报》，将各地的财政情况按期刊于其上，公诸舆论而资改良，每月一册，免费分发。度支部尚书载泽还计划将各省外债除本年应清偿本息不计外，所有债款统核利息高低，若利息过重，由中央核定发行公债并分拨各省将息重

③《度支部奏预筹裁制外债以顾大局折》，《东方杂志》1907年第12期，第194-196页。

④ 故宫博物院明清档案部：《清末筹备立宪档案史料》下册，中华书局1979年版，第1018页。

各债一律还清[③]。

但是，由于甲午战争和庚子之乱的巨额战争赔款分摊到各省，地方财政入不敷出。清廷施行新政后，地方新政事务的财政压力更大。在这种情况下，清廷中央已经无法控制地方举借外债的势头。1901年11月，刘坤一、张之洞、端方、俞廉三、岑春煊、李经羲等地方督抚联名上奏称："各省分派赔款，为数过巨，筹措万难。方今民生困穷，商业凋敝，经去冬之变，各省商民元气大伤，种种筹款之法，历年皆经办过，久已竭泽而渔。若再痛加搜括，民力既不能堪，赔款仍必贻误。"他们要求"向外国银行如汇丰、德华之类商借五百四十万"[④]。直督袁世凯也认为："现在财政支绌，京、外略同，一旦欲骤集巨金，舍贷款外，别无良策。"[⑤]1906年年初，粤督岑春煊亦上奏称："粤东财政困难，岁入岁出不敷三百余万，部中指拨之项，叠有增加，本省筹补之款，十不及一。年来之所以勉力支持者，全恃商号息借。近因市面萧索，运掉不灵，每于周转为难之际，不得已辄向汇丰、信义等洋行息借百数十万两，如期归还，故洋商犹能见信。然拨还之款，并非出自有余，无非设法筹挪，勉为应付。左支右绌，期促息多，苟且补苴，日久将成重累。若再不急图挽救，则财源枯竭之象，固已立形，如目前猝遇地方有事，益

③ 马陵合:《新政时期清政府地方外债政策评析》,《历史档案》2008年第4期,第53–59页。

④ 刘坤一:《刘坤一奏疏》二,岳麓书社2013年版,第1600页。

⑤ 中华人民共和国财政部、中国人民银行总行:《清代外债史资料:1853—1911》中册,1988年版,第263页。

将束手。”[④]他也要求借款1000万两兴办粤省新政与实业。

在这一局面下，地方外债逐渐泛滥。清廷中央试图统一清理外债、严格监控地方外债的计划与政策变为一纸空文。如在湖北省，自张之洞督湖广以来，新政举措繁多，财政缺口巨大，举借外债的次数、数额亦为各省之冠。从1900年8月至1911年10月，仅地方外债就有9笔，分别是湖广借款、湖北善后局借款、湖北官钱局借款、湖北善后局续借款、湖北借款、湖广总督两次借款及湖北华俄道胜银行两次借款。这些借款总额达625万两库平银，其中日本占305万两，英国占300万两，俄国占20万两。借款利息多为年息7%～8%，期限在5～10年（华俄道胜借款除外），担保为湖北盐厘和烟酒糖捐等地方财政收入及江汉关关税收入[⑤]。1901—1911年，粤省地方政府借款4次，分别是两广总督借款、两广汇丰借款、广东善后局借款和广东省借款，总额达538万两，多为粤借粤还[⑥]。闽省借款次数也较多，共有6次，总额为170万两库平银，债权人多为日属台湾银行[⑦]。此外，还有安徽、奉天（东三省）、江苏、新疆、云南等省均举借过地方外债。

与限制地方外债相反，清廷较为鼓励举借地方内债。但是大多地方内债因外人的购买而在实质上均转变为外债。1906年3月，袁世凯在直隶采取无记名债票方式首先发行内

④ 中华人民共和国财政部、中国人民银行总行：《清代外债史资料：1853—1911》中册，1988年版，第299页。

⑤ 许毅等：《清代外债史论》，中国财政经济出版社1996年版，第569-570页。

⑥ 许毅等：《清代外债史论》，中国财政经济出版社1996年版，第574页。

⑦ 许毅等：《清代外债史论》，中国财政经济出版社1996年版，第575页。

债，发行额度480万两，期限6年，“第一年按七厘付息，逐年递加一厘，分六年还清”，债票分为百两、十两两种，由长芦盐运使和直隶布政使联合担保，偿还财源有直隶布政使库岁入30万两、长芦盐运使库岁入40万两、永平七属盐利15万两和直隶银元局余利40万两，合计125万两。袁世凯信誓旦旦宣称：“各商民亦颇知急公奉上，踊跃输将，数月之间，即筹足银四百八十万两。”实际仅募得百余万两，他不得不“商之天津外国银行买办，其三百余万两，则仰给予外国银行”[⑤]。随后，福建、湖北、湖南、安徽、江苏、河南等省也照搬直隶发债模式，以地方内债的形式举借外债。

概而言之，这一时期地方外债主要分为三种类型：一是军政借款；二是实业及救灾借款；三是应付突发情况的市面周转借款，这主要发生在1910年7月至1911年年底“橡胶股票”风潮导致的金融危机期间，并不属于地方外债的常态。仅从前两项看，军政借款占到借款总额的83%[⑥]，说明地方外债多是属于财政性借款。这一阶段地方外债的泛滥表明：第一，清廷中央尽管试图统一财政，收紧地方财权，但心有余而力不足，地方外债的独立性日益加强；第二，不仅中央财政亏空严重，地方财政也濒临破产，尽管清廷中央一而再再而三地强调禁止地方自主举借外债，但从其对地方外债泛滥的默认及对地方内债的放任自流态度来看，清廷中央非常清

⑤ 中华人民共和国财政部、中国人民银行总行：《清代外债史资料：1853—1911》中册，1988年版，第263-268页。

⑥ 许毅等：《清代外债史论》，中国财政经济出版社1996年版，第585页。

楚地认识到，从中央到地方的全国财税体系面临着失控的境地。

第三节　北洋时期地方外债政策及演变过程

一、袁世凯政府的地方外债政策

民国建立后，北洋政府继承了清季混乱与脆弱的财税体系，地方财政困难重重，举借地方外债便成了各地增加收入的捷径。一般来说，北洋地方政府外债分为四个阶段：第一阶段，袁世凯时期（1912年1月—1916年6月），地方外债40笔，总额约3152万元；第二阶段，皖系统治时期（1916年6月—1920年7月），地方外债32笔，总额约2402万元；第三阶段，直系统治时期（1920年7月—1924年10月），地方外债5笔，总额约593万元；第四阶段，奉系掌权时期（1924年10月—1928年），地方外债1笔，总额约30万元。整个北洋时期，地方外债共78笔，总额约6177万元[③]。其中，在袁世凯与皖系统治阶段所借的款项占整个北洋时期的92%，金额占整个北洋时期的90%。

在第一阶段的袁世凯政府统治时期，中央政府的信用状况在西方列强眼中颇佳。一方面，袁世凯政府不仅继承了清季以来的中央外债，还垫付了地方外债本息的偿还。1912年9

③ 张侃：《论北洋时期地方政府外债》，《中国社会经济史研究》2000年第1期，第69-79页。

月9日，袁世凯政府财政部宣称："无论内债外债，均与国家信用有直接关系，偿还义务虽在各省，稽核之任仍属中央。"[②]1913年善后大借款中的相当一部分用于垫支偿还拖欠的地方外债。如广东借款在善后大借款成立后，"其时大局甫定，秩序未复，各省财政艰窘，所有旧欠各外国银行款项无术筹还，特于善后借款项下提拨英金二百八十余万镑，为代还各省旧债之用"。袁世凯政府垫支的主观目的在于"是以各省得免外人追索之苦，专心一意，经营本省政务"。当时各省拖欠的外债"或奏咨有案，或并未报部，其所订借款条件，无不切实声明省借省还，后任官长同负担还义务。是各省债款订借虽在前清，而此时继续认还，实属责无旁贷，与中央政府认还前清债务同其性质"。因此，按照袁世凯政府规定的"省借省还宗旨"，各省日后仍要拨还财政部[③]。但在外人看来，这相当于地方外债获得了袁世凯政府的背书与担保，中央政府承担了最后偿还人的角色。这是袁世凯政府前期地方外债较多的主要原因。

另外，袁世凯政府不断在政策上对地方外债进行限制。1912年3月28日，袁世凯政府财政部照会英、日、俄、法、美、德等16国驻华公使强调："现在中华民国已经南北统一，凡各处官商民人等，如与外国商民订立关系民国主权及地方

② 财政科学研究所、中国第二历史档案馆:《民国外债档案史料》第一卷，档案出版社1990年版，第67页。

③ 财政科学研究所、中国第二历史档案馆:《民国外债档案史料》第四卷，档案出版社1990年版，第439页。

公产之契约等项，若未经中央政府允准，本部概不承认。”[③] 1912年8月3日，财政部再次照会16国公使宣称：“现准工商部咨称：本部综掌矿政，凡矿商于矿中产业，有卖买更换及贷借抵押情事，必经呈明批准，方可遵办。惟闻各处矿商，往往私借私押，甚至有未经多数股东承认，遽与外人立约者。亟应声明：华商所办之矿，无论用何名目押借洋款，非经部批准，不能发生效力。……嗣后，各处矿商如有借用洋款，须经中央政府允准，方为有效。其出借之外国商人，亦必先行禀请本国公使询明中国政府，果系批准有案，方可借给，以期妥慎。”[④]9月9日，财政部致电各省都督要求：“自应从事调查以资统计，所有贵省自上年九月起至本年八月止，有无息借外债及商款等事；并已借之款，所订数日、期限、利息、抵押暨合同大旨及已还过数目，并现在筹备偿还情形若何？希先饬司查明，于　日内报部。”[⑤]之后，财政部又照会17国公使宣称：“以近闻各处盐商，间有拟将盐票押借外款情事。如有外国商人径行承借，中国政府决难承认。应请照会各国驻京大臣，转饬各商周知。等因。本部查食盐一项，系中国国课所关，向来严禁商人私贩，照约亦列入违禁货物之内，不准运进出口。如各处盐商私将盐票押借外款，自应

③ 财政科学研究所、中国第二历史档案馆:《民国外债档案史料》第一卷，档案出版社1990年版，第63页。

④ 财政科学研究所、中国第二历史档案馆:《民国外债档案史料》第一卷，档案出版社1990年版，第66页。

⑤ 财政科学研究所、中国第二历史档案馆:《民国外债档案史料》第一卷，档案出版社1990年版，第67页。

作为无效。”[④]1913年1月6日，袁世凯发布临时大总统令强调：“盐务为国家岁入大宗，举凡新旧外债，悉恃此为抵偿。自军兴以来，省自为政，始则因兵饷不足，截留盐款，继则以意见参差，破坏盐法。而各处失职盐员，无业驵侩，又复购私串运，利盐纲之紊乱，便一己之私图，究之在各省收入未必增多，而中央信用转难巩固。现值整理财政，当以盐务为先，在新盐法未颁布以前，自应恢复机关，保存秩序，以为进行之预备。嗣后关于全国盐务产运行销，用人设局，均责成财政部，督饬各处盐运使，查照向章，切实办理。倘仍有越境影射，私运私销情事，务宜认真查缉，执法以绳。各省都督民政长及统兵将领，均应力顾大局，辅助赞成，俾资挽救。其各省军饷及行政各费，均应另行设法筹补至盐务收入各款，应自民国二年一月份起，专款存储，无论何事，概不得挪移动用。庶几内巩财权，外昭国信。所有盐务，应设稽核造报所，专司考核款目，即由财政部迅速拟订章程，呈核施行。”[⑤]

1912年，日本提出地方外债的担保条件，并要求各国一致同意：“一、省借款之订结须由中央政府许可；二、用途须呈中央不得滥费；三、担保品须确凿可靠。”英国的观点与日本相同，但在事实上各省并未遵行。“盖当时中国各行省中，

④ 财政科学研究所、中国第二历史档案馆：《民国外债档案史料》第一卷，档案出版社1990年版，第67–68页。

⑤《临时大总统令》中华民国二年一月六日，《政府公报》1913年第241期，第109页。

除直隶、山东、陕西，尚服从中央命令外，其余如江苏、福建、广东、安徽、四川、云南诸省均形同独立，行动自由。”[3]这是因为德国、俄国等其他国家仍然坚持对地方各省提供借款。袁世凯通过赣宁之役与善后大借款逐步在军事与财政上巩固了北洋中央政府的统治之后，情况发生了变化。如1913年6月25日，法国公使去财政部面称：“近阅报纸，见中国各省纷纷向外人借款，此等景象，实不见佳。前者各国借款与中央政府，实为防乱起见。今借款已成，乱机亦断，而中央财政不见清理，各省税捐并未解京。数月以往，中央实有不能不再借款之势。倘现在任各省自借，与将来中央政府之信用实有大不利。如安徽、湖南已向日本人借入巨款，闻直隶都督有向比国银行借二百万元之说，以矿产作抵，东三省亦有借债之事。”[4]各国对于地方外债，“群抱悲观，驻京列国公使，亦不愿中国财政限于破坏地位，乃竭力设法阻止各省之自由借债。列国公使此举，纯系辅佐袁总统，不使各省得藉经济上之能力而于中央政府抗”[5]。

1913年7月17日，财政部致电安徽、湖南、直隶、东三省各都督、民政长再次强调：“查本部于元年十一月间，奉大总统严令，嗣后关于借款事宜，应由财政总长一手经理，以专责任，而杜纷歧。并由本部转达各国驻京公使查照，传知

③ 来新夏：《北洋军阀史》二，上海人民出版社1993年版，第511页。

④ 财政科学研究所、中国第二历史档案馆：《民国外债档案史料》第一卷，档案出版社1990年版，第75页。

⑤ 来新夏：《北洋军阀史》二，上海人民出版社1993年版，第510-511页。

各该国商人。嗣后，无论京外各处，何项借款，非由财政总长签字不能有效。诚以借款一事，外关国际信用，内增人民负担，万一稍涉纷歧，非惟失信于列邦，抑且遗累于后日。”[④]12月13日，袁世凯政府致电各省称：“各省电请自行借款者甚多，能否可靠，未能预必。但外人于合同订立时，必须载明由中央担保，又须电询该国驻京公使。有此两端，即生阻力，……本院公同会议，均以为目前各省，除加增旧税，另筹新税，实无自立之法。日内当拟详电奉商。至于各省现议借款，苟能有成，均请作为草约签字，饬令该代表到京，改由财政部换定正式合同，以示统一。”这时的各国外交团均声明：一是停止一切小借款，二是不认各省地方借款。他们认为，中央外债的信用会因各省外债信用堕落而受牵累。英国公使朱尔典明确表示：“中国若欲恢复借款信用，非各省有款解京，不足以表示统一。”[⑤]在这一形势下，除了在袁世凯政府难以控制的广东、奉天等地外，袁世凯政府控制所及之地的地方外债多已销声匿迹。

二、北洋军阀统治时期地方外债的泛滥与湮灭

袁世凯死后的皖系统治时期，地方外债死灰复燃，逐渐泛滥。这一时期恰逢西方列强陷入世界大战的泥沼，借款的

④ 财政科学研究所、中国第二历史档案馆：《民国外债档案史料》第一卷，档案出版社1990年版，第80页。

⑤ 财政科学研究所、中国第二历史档案馆：《民国外债档案史料》第一卷，档案出版社1990年版，第79页。

主要来源是日本。自甲午战争以来，日本对华长期的侵略政策尤其是“二十一条”，引发全中国人民的愤慨。日本寺内正毅内阁在1917年1月的内阁会议上决定改变对华的武力压制政策，表面上标榜维护中国独立和领土完整，不干涉内政和各国协调，实际上通过“怀柔”中国政府和输出资本来扩大在中国的利权，这条路线是井山馨和山县有朋一再主张的对华政策核心。第一次世界大战为日本对中国的资本输入提供了先决条件。1913年，日本对外负债12.24万亿日元，是典型的债务国。到1917年，日本变成黄金储备达11.5亿日元的债权国，当时1日元约合1银元[③]。换而言之，日本由武力侵略转变为经济侵略。

日本政客币原喜重郎曾提出一个“多心脏论”思想：“任何一个国家也和一个人一样，都有一颗心脏。日本的心脏是东京、英国的心脏是伦敦、美国的心脏是纽约；如果这个心脏受到打击，那全国就会瘫痪。可是，中国这个国家却有着无数心脏，即使有一两个心脏受到打击，中国的脉搏也不会停止跳动。若想窒息中国，那就势必把它所有的心脏一个接一个地全都击中才行。何时能达到这个目的？这是谁也无法知道的事……”[④]这一政策是日本对华政策的一个延续，即保持中国的分裂，扶持各地方势力以防止形成一个统一政权。

③（日）信夫清三郎编，天津社会科学院日本问题研究所译：《日本外交史》上册，商务印书馆1980年版，第419页。

④（日）草柳大藏著，刘耀武、凌云、舟徒等译：《满铁调查部内幕》，黑龙江人民出版社1982年版，第238页。

如在反袁斗争中，日本“在南方由久原（房）之助来暗中出钱援助国民党兴起讨袁之师，在北方拥立避难在旅顺的肃亲王，建立起满蒙一体的独立国家，这方面的经费由大仓组提供。大仓喜八郎给肃亲王的独立运动（主谋者是川岛浪速和小矶国昭）提供了一百万圆的巨款。久原房之助给反袁派岑春煊提供了采购军火费一百万元，给陈其美提供了十万元，给南方派的黄兴提供了十万元”③。到1924年5月，日本清浦奎吾内阁制订的所谓《对支政策纲领》中就公开表达了这一思想：“对于中国政局之现状，不只偏重中央政府，凡地盘广阔的地方实力者亦尽可能与之缔结良好关系，以谋求日本在各方面的势力发展。对于地方实力者的正当目的给予善意援助，其援助之程度、方法，按日本利害关系予以适当调节。”④

因此，日本不仅用财力支持皖系的北洋中央政府，还在各地给皖系、奉系军阀主政的地方政府以外债支持。如寺内正毅内阁的对华借款中有1 857万日元的地方政府借款，折银元1857万元，约为皖系统治时期地方政府借款的77%⑤。日本动员大量的金融机构与地方政府接触，达成各种借款。其中包括朝鲜银行、兴亚银行、大仓组、三井公司、三菱公司、永昌公司、古河公司、中华汇业银行和泰平公司等。从整个

③（日）草柳大藏著，刘耀武、凌云、舟徒等译：《满铁调查部内幕》，黑龙江人民出版社1982年版，第162–163页。

④ 薛子奇、刘淑梅、李延龄：《近代日本“满蒙政策”演变史》，吉林人民出版社2001年版，第143页。

⑤ 许毅：《北洋政府外债与封建复辟》，经济科学出版社2000年版，第312页。

北洋时期来看，日本借款占地方外债总笔数的63%，占总债额的60%[④]。

对于各地军阀来说，他们“大部采个人或小集团的繁荣主义，缺乏为国为民的观念，因此形成独霸一方独裁私兵状况，国家之存亡，民众之疾苦，彼等从不负任何责任。彼等政治欲物质欲非常旺盛，故彼等除维持现状以解决其欲望外，殊不愿粉碎其势力也。真能爱国为民者为数极少，大都为顾己而不顾人之辈……彼等因欲望极高，故志气多趋于薄弱，而不堪利诱与威胁”[⑤]。他们的目的无非是扩张自己的军队，保护或扩张自己的地盘，当实力弱小时抗拒北洋中央政府的约束，当实力强大时则将北洋中央政府纳入自己囊中，结果导致整个北洋时期地方外债的95%是军政借款[⑥]。这表明大多军阀为达目的，肆无忌惮地不择手段，多不考虑因外债所给予借款国的政治、经济与军事利益。

以奉系军阀控制的东北为例。日本在东北的借款具有强烈的战略意图。1916年，袁世凯死后，日本利用东三省官银号的纸币贬值进行挤兑。当年7月，奉天省欠债约1300万元，其中欠东三省官银号500余万元。东三省官银号发行纸币700余万元，而兑现已有1000余万元。日本人一面“兑现，每日各银行、号共计十余万元，渐至官银号一日竟付出三十四万余元，仅有九万现洋存于库中”，一面“提出借款先为尝

④ 许毅：《北洋政府外债与封建复辟》，经济科学出版社2000年版，第322页。

⑤ 国难资料编辑社：《日本大陆政策的真面目》，生活书店1937年版，第118页。

⑥ 许毅：《北洋政府外债与封建复辟》，经济科学出版社2000年版，第318页。

试，初则三井、正金、朝鲜各银行均以息轻、期远、不计抵押等语互来就商。继则又以时局危险，不肯投资，互相推让，其迎拒兜逼之法，实极控送操纵之妙”。日本的目的就是要“奉省金融归其掌握”。只要“机会已熟，始令朝鲜银行自行出贷。……期短势促，开始磋商，利息之重，期限之短，抵押之多，种种要挟均以窥见隐微，扼制生命。……彼乘危相薄，突出辣手，阳于借款特示从宽；阴于金融另谋输入。即期限二年、利息六五、回扣九五。抵押三项即电灯、电话、开埠各局厂之全部资产。前曾抵借南满会社仅估六十万元者，此次所议，比较向来借款均尚便宜。而契约他皆从同，独欲根据此次借款契约另加特别之规定，其最酷者，即公金收入参用日金之说”[④]。所谓“日金之说”指的是6月朝鲜银行致函奉天财政厅所要求的事项：“一、奉天省城中国各银行之整理改善与日本银行连络，并关于此等影响所及之设施，财政厅求朝鲜银行进言，朝鲜银行以诚意应之。二、财政厅尽力使奉天省中国各银行与朝鲜银行开始串换。三、财政厅自己及在奉天省城中国各银行出纳公金，可按市行收用朝鲜银行及其他日本银行所发之金券。”[⑤]奉天财政厅觉察到日本方面“实以彼之处心积虑，力求混一金融，方始甘心”。但也只能因纸币兑现不止，而不得不借债，又“因奉省在其

④ 财政科学研究所、中国第二历史档案馆:《民国外债档案史料》第五卷，档案出版社1990年版，第463–464页。

⑤ 财政科学研究所、中国第二历史档案馆:《民国外债档案史料》第五卷，档案出版社1990年版，第461页。

势力圈中，各国不肯投资，彼更为所欲为。……奉省款绌债重，银号被挤，破产堪虞，迫不得已，始由该厅向朝鲜银行订借日金一百万元”[③]。最终，东三省始终处于日债的陷阱之中而不能自拔。

此外，一些地方借款仅是名义上的地方外债，实际上是为北洋中央政府所借。这些地方多和中央属于同一政治或军事派系。1917年7月，北京民国政府因军饷急需，由直隶财政厅以原存天津中国银行之直省滦矿股票，代向日本三菱公司订借日金100万元，周息八厘五毫，期限1年，还本付息由中央政府承担[④]。1917年8月28日，山东省政府向中日实业公司借款150万元，周息一分，定期1年。该借款名虽为调查山东实业，其实均系代前北京政府借垫用之于编遣军队及发给军饷，纯系国家费用性质，与山东地方费用绝无关系[⑤]。1919年8月，北京民国政府财政极度困难，经以湖北省名义向美商汉口友华银行举借美金50万美元，周息八厘，按美金折合，期限8个月，以湖北武昌造币厂之铸造盈余为担保，用以拨付军饷。“中央现因时局关系，暂时不能商借外债，……必不得已亦应为湖北地方借款，中央担保偿还，美使方面或可通过，此不过名义关系，实际部借部还毫无问题。……财政厅此次

③ 财政科学研究所、中国第二历史档案馆：《民国外债档案史料》第五卷，档案出版社1990年版，第465页。

④ 财政科学研究所、中国第二历史档案馆：《民国外债档案史料》第六卷，档案出版社1990年版，第39–43页。

⑤ 财政科学研究所、中国第二历史档案馆：《民国外债档案史料》第六卷，档案出版社1990年版，第74–96页。

借款系代部借。”该债项后于1920年5月由湖北省政府代为还清④。

到了直系与奉系军阀统治时期的后两个阶段，地方外债无论是次数还是数额都急剧下降到可以忽略不计的地步。当时由于地方军阀的割据与局部战争的时时爆发，财政混乱到无以复加，中央财政已经无法支持外债的及时偿还，地方外债亦多拖欠，外人的借贷风险高涨。此外，西方财团提出对华借款的前提条件是国家统一以促进债信。在这种情况下，西方财团对于割据一方并扩张势力的大小军阀均持不支持的态度。日本对华借款多为无确实担保外债，拖欠情况尤为严重。寺内正毅下台后的日本历届内阁均对借款持极为谨慎的态度。在这种情况下，地方外债逐渐湮灭。再次大举外债，则要等到国民政府统一财政并有效实施整顿外债政策之后了。

④ 财政科学研究所、中国第二历史档案馆:《民国外债档案史料》第七卷，档案出版社1990年版，第159-164页。

结 论

唐代柳宗元在《封建论》中评价汉唐的中央与地方关系时，曾说过："有叛国而无叛郡"，"有叛将而无叛州"。在柳宗元看来，如果地方具有独立的军事力量，便能支撑起独立的行政权与财政权，从而对中央可以叛服无常。众所周知，军事力量或武力需要财力的支撑，作为国家权力的税收权反过来也需要武力作为保障。中国近代中央与地方财权博弈的历史便有力地证明了这一观点。

有清一代，满洲贵族入主中原，以强大的武力为后盾在政治上实行中央集权制，在财政上也以奏销制度、协款制度和存留起运制度等一系列制度为组合实行中央集权制。政治与财政权力，多集中于满洲贵族手中。随着太平天国的兴起，清廷中央的武力逐渐衰败，开始起用湘淮等地方武装。这些地方武装以厘金等形式自筹军饷，从而造成政治与财政权力的下移。地方督抚集军权与财权于一身，中央权力势弱。当时的有识之士对清廷的虚弱已经了然于胸。曾国藩的心腹幕僚赵烈文在自己的日记中记载："初鼓后，师来谈，言京中来人，说：'都门气象甚恶，明火执仗之案时出，而市肆乞丐成群，甚至妇女裸身无裤，民穷财尽，恐有异变。’予曰：‘天下治安一统久矣，势必驯至分剖，然主德素重，风气未开，若非抽（轴）心一烂，则土崩瓦解之势不成。以烈度之，异日之祸，必先根本颠仆而后方州无主，人自为政，殆不出五十年矣。’师蹙额良久曰：‘然则当南迁乎？’予曰：‘恐遂陆沈，未必能效晋宋也。’师曰：‘本朝君德正，或不至此。’予曰：‘君德正矣，而国势之隆，食报已不为不厚，国初创业太易，诛戮太重，所以有天下者太巧，天道难知，善恶不相掩，后君之德泽，未足恃也。’”②

曾国藩为了打消清廷对于湘军的顾虑，有意提携李鸿章的淮军集团，并在太平天国起义结束后将湘军大部解散。战后清廷着力于收回地方军权与财权，并且颇有成效。但地方督抚通过洋务新政不断巩固手中的权力，清廷中央未能完全达到目标，有时几乎不能插手地方事务。地方督抚的势力在“东南互保”运动时达到高潮，诸多省份完全不听从清廷中央的指示与安排，而是相互之间窜联互保。这引起清廷中央的高度警惕与极度不满。庚子之乱后，1901年，暂驻西安的清廷中央以当时立宪派的主张为依据启动新政立宪改革。当湘淮系诸多重臣老将故去之后，清廷中央在新政过程中着力削弱地方兵权与财权，重新在制度上将大权集中于满洲贵族手中。然而，螳螂捕蝉黄雀在后，除了铁良等少数人，满洲贵族既缺乏政治历练又缺乏政治威望，未能有效整合各种资源，最终导致朝廷内外官员面对革命党起事时离心离德，处

② 罗继祖：《枫窗三录》，大连出版社2000年版，第243–244页。

于极为被动的局面。

袁世凯通过小站练兵，在清廷中央的直属军队北洋军中树立了极高的威信。依靠武力，袁世凯既逼迫清帝退位又压制住了南方革命党，最终掌握了中央政府的权力。但袁世凯政府手上接过的是清季各省独立、国家税收几乎停顿的烂摊子。孙中山、袁世凯等都是依靠举借外债来维持军政费用。袁世凯政府依靠北洋武力，通过战争手段，逐渐加强财政的中央集权，这与清季中央集权的举措如出一辙。但清季以来，地方势力坐大的情况并未得到实质的转变。无论其目的是为了加强中央集权还是满足个人私欲，袁世凯称帝最终失败的命运是注定的。袁世凯在北洋系中也仅仅是一个共主的角色，并不能真正对北洋系军队如臂使指。袁世凯死后，政治与财政上的中央集权化进程被打断，中国逐渐陷入军阀割据混战的分裂局面。一些地方势力为了自己的一己之利甚至鼓吹起“联省自治”，以反对中央集权。整个国家只有一个名义上的北洋中央政府，到了后期实际上是处于无政府状态，中央税收微乎其微，不得不依靠外债度日。

总而言之，整个近代的财政体制演变围绕着中央与地方之间的财权博弈而进行。财权博弈的背后则是政治与军事博弈。当中央政府武力强大时，地方势力则衰弱，财政中央集权的程度就高。反之，中央政府武力衰退，地方势力则坐大，财政分权化的程度就高。很多学者从财政体制由传统向现代转型的角度去分析近代财政制度的演变，却忽略了政治与军事因素，尤其是军事因素对于经济因素的巨大影响。然而从大历史的角度来看，近代自太平天国起义之后，清王朝的统治根基已被动摇，清廷之所以能延续数十年，天下大乱的局面之所以没有形成，恰恰是因为西方列强有意扶植清廷的结果。民国的建立，并未从根本上改变清季的混乱局面，而是直接继承了晚清的政治与军事格局。本质上，从清季到民国，中国所处的政治局面是“兵权所在，则随以兴；兵权所去，则随以亡”②。因此，中央与地方财权的分配反映的只是政治与军事权力的对比，其本身并不具有独立性。换言之，财政制度演变的根本是政治与军事体系的变化。近代中国在面对外部冲击时由传统财政体制向现代财政体制转型的过程并未改变这一本质特征。

与近代中国形成鲜明对比的是日本。日本明治维新前施行的是德川幕府统治的封建割据制度。德川幕府只直接统治了全国领土的四分之一，其余200多个藩主或大名独立统治着其他四分之三的土地和人口。幕府财政主要依赖于直辖的土地税和一些全国性的垄断经济权。明治政府通过“版籍奉还”和“废藩置县”，将日本改造成高度中央集权的国家，统一了全国的军权和财权。财政的中央集权化进程，效果十分显著。1868年，明治政府财政收入3300余万元，经常款项只占10%；到1904年，财政收入达到2.2亿元，经常款项占到90%。拥有雄厚财力的日本政府直接投资近2亿日元率先创办交通、电信、采矿等基础产业。此外，还通过国家财政资助并鼓励工业发展。从1868年到1885年，日本政府向民间发放

② 范浚:《香溪集》范香溪先生文集卷之五，四部丛刊续编景明本。

的资助金总计达10 793万日元。从1896年至1918年，共拨款2275万日元奖励造船业；从1897年至1911年，拨款9461万日元补助海运业；其他如机器制造、电力、钢铁、化工等技术含量高的重工业，政府也均给予不同程度的扶持。明治政府还建立起全国统一的货币体系，由中央政府控制货币。财政不足的部分由纸币发行和公债来弥补。由此，在强有力的中央政府的统一部署下，日本充分有效地利用有限的资源迈入强国之林。

除日本外，纵观世界各强国的现代化历史，莫不是先以政治与军事的中央集权为基础，再以财政的中央集权推动国家经济的发展。美国建国之初，十三个州各自自治，独立发展，临时性的反英独立政府无法有效统治全国。而当时的美国因为战争债台高筑，也因无法协调各州而难以还债。这时，以汉密尔顿为代表的联邦党人与以杰斐逊为代表的共和党人展开了政府组织形态的争论。联邦党人强调中央集权的重要性，要求强化联邦中央政府的控制。《联邦党人文集》充分表明了汉密尔顿等人的观点，即中央集权的联邦政府只会保护而不会损害各州的利益和人民的权利。共和党人的观点则反对建立中央集权的政府。最终，联邦党人占据上风，《美利坚合众国宪法》基本反映了联邦党人的观点。汉密尔顿担任财政部长期间为美国建立了健全的财政机构和制度，包括：第一，财政部集中掌握财权与国家预算；第二，政府和国会应有决定征税的权力，以使国家财政获得固定的财源；第三，建立现代化的国家银行体系以提供大量稳定的货币并发行国债。南北战争后，美国通过全国统一的高关税贸易保护政策以促进本国工商业的发展。在这些制度的推动下，美国在19世纪末经济发展水平超过了英国，成为全球经济最为强大的国家。

德国亦然。19世纪初，德国仍然是封建领主制，由众多邦国组成。分裂的德国被统一的法国打败。拿破仑战败后，德国在1815年成立了德意志联邦，但国家主权并未统一。各邦国都具有独立的财税体系。此时，分裂的德国在经济战场上成为英国的手下败将，变成英国制成品的倾销地。为了对抗英国商品，1840年，由普鲁士牵头建立了德意志关税同盟。在普鲁士的领导下，德国内部实行自由贸易政策，建立起统一市场，对外则采用关税保护主义政策。最终，普鲁士通过血腥的战争用军队强行将德国统一为中央集权的德意志帝国。德意志帝国逐步统一了全国的币制、经济法规，并建立以中央银行为首的银行体系，实行出口津贴政策等。中央政府手中掌握着包括中央银行、邮电、铁路、进出口贸易等在内的整个国民经济命脉，有力地推动了本国工商业的发展。到20世纪初，德国成为仅次于美国的第二大工业国。

政治学、经济学与社会学的理论研究之结论与历史史实基本是一致的。国内有学者认为：传统社会向现代化转型的初期，“英、法等民族君主国诞生后，立即确定了自己未来的发展方向，它们为领土、霸权、经济利益、王位继承等问题展开了激烈的角逐。一些学术著作将这样的国家称之为专制主义国家或绝对主义国家，都是指其政治上的集权特征”[②]。“在西欧各国，民族君主国都是现代化的开启者。他们的共同任务之一就是要发展本国的经济，而这个任务的完成往往又要求他们首先要削弱乃至消灭原有的封建割据状态，建立一个完整的统一国家。当这些任务完成时，这个民族君主国一般会呈现出极为昌盛繁荣的景象。”[③]由此可见，即使是先进发达国家，工业化与现代化的前提条件也是中央集权制度。

华盛顿大学亨利·杰克逊国际关系学院米格代尔教授指出：在19世纪50年代之后，欧洲和美国的快速工业化造成旧有的社会控制基础和生存策略都被迅速削弱，乃至摧毁。在欧洲的一些社会中，“为了建立和其民众的人力和税收直接联系的渠道，国王们发动了和那些试图维持碎片化社会中的社会控制的人之间的激烈斗争。他们建立了军队、警察、征税机构和法院，以图在其领土中建立一套单一的国家机构来取得集中化的社会控制”。“对于亚非拉社会而言，社会控制的重塑发生在一个世界上早已是强国林立的背景中。19世纪后期，在扩张的世界市场和一个强国林立的国际环境一道造成的大混乱背景中，只有日本这个非欧洲国家脱颖而出，成为一个强大的中央集权国家”[④]。米格代尔教授的老师，哈佛大学教授、卡特政府国家安全委员会顾问亨廷顿指出：“一种政

② 陈晓律:《世界现代化历程》西欧卷,江苏人民出版社2012年版,第5页。

③ 陈晓律:《世界现代化历程》西欧卷,江苏人民出版社2012年版,第5–6页。

④ (美)乔尔·S.米格代尔著,张长东等译:《强社会与弱国家:第三世界的国家社会关系及国家能力》,江苏人民出版社2012年版,第146页。

治体制首先必须能够创制政策，即由国家采取行动来促进社会和经济改革，才能成功地处理现代化面临的问题。”[4]面对传统的保守势力，“要改变或摧毁这些传统势力，须将权力集中于现代化的推行者手中”[5]。在现代化转型的早期阶段，“现代化需要改变传统的社会、经济和文化信仰及行为方式，因此也就需要政策创制，需要权力的集中”[6]。因此，从传统向现代转型的要义是，欲根除国内政治的动荡和衰朽，这些国家必须树立起强大的政府，舍此无他路可走[7]。美国经济学家罗斯托也指出：在工业化过程的经济起飞之初，决定性的特征是“建立一个有效的中央集权的民族国家是前提条件阶段的一个决定性因素，而且差不多普遍是起飞的一个必要条件”[8]。“一般情况下，（经济）起飞的到来不仅要等到社会基础资本的积累和工业、农业技术的迅猛发展，还要等到一个准备把经济的现代化作为严肃的、最重要的政治事业的政治

---

④（美）塞缪尔·P. 亨廷顿著，王冠华等译：《变化社会中的政治秩序》，上海人民出版社2015年版，第117页。

⑤（美）塞缪尔·P. 亨廷顿著，王冠华等译：《变化社会中的政治秩序》，上海人民出版社2015年版，第118页。

⑥（美）塞缪尔·P. 亨廷顿著，王冠华等译：《变化社会中的政治秩序》，上海人民出版社2015年版，第121页。

⑦（美）塞缪尔·P. 亨廷顿著，王冠华等译：《变化社会中的政治秩序》，上海人民出版社2015年版，前言第4页。

⑧（美）W.W. 罗斯托著，郭熙保、王松茂译：《经济增长的阶段：非共产党宣言》，中国社会科学出版社2001年版，第7页。

集团的出现。”[⑥]

然而，中国近代自晚清到北洋政府都只是一种弱势政府，以国家财政汲取能力[⑦]来衡量，据估算近代以来中央政府财政汲取能力为2.8%～5.0%[⑧]，还有人估算在1.8%～3%[⑨]。当时欧美国家的财政汲取能力普遍在25%以上。这表明近代中国中央政府财政集权的程度很低，中央财权十分脆弱。其原因在于，无论对内或对外，近代中央政府都缺乏强大的武力来保障它平稳推进财政统一的努力。近代中国极度缺乏军事与财政的中央集权这一现代化转型的基本要件。这样一种国力分散、地方分裂的状况，导致当时的中国既不能集中财力自上而下地执行经济改革与工业化政策，也不能集中资源应对外部持续不断的入侵。因而，中国近代中央与地方之间财权博弈的曲折与复杂之过程本身，就决定了中国近代社会从传统向现代转型的历程必然充满艰难困阻与跌宕起伏。

⑥（美）W.W.罗斯托著，郭熙保、王松茂译：《经济增长的阶段：非共产党宣言》，中国社会科学出版社2001年版，第8页。

⑦ 财政汲取能力是衡量政府能力的重要指标，一般国家财政汲取能力以中央财政收入占国民生产总值的比率衡量。

⑧ 张连红：《论南京国民政府在现代化进程中的角色——以财政为中心》，《江海学刊》1997年第4期，第140–145页。

⑨ 姜良芹：《南京国民政府内债问题研究：1927—1937》，南京大学出版社2003年版，第314页。

附　录

梁启超经济民族主义外债观述论

外债问题在中国近代史上具有重要的地位。清廷的倾覆、北洋政府的苟延残喘、南京国民政府的卫国抗战，都与外债有着莫大的关系。在近代政治人物中，真正精研过外债的人并不多，而梁启超则是少数例外之一。从演变过程来看，梁启超外债观逐渐从个人主义趋向经济民族主义。因此，本文以经济民族主义为基点探讨梁启超外债观，为梁启超经济思想研究提供一个新的视角。

一、梁启超早期外债观

梁启超早期涉及外债的文章主要有三篇，分别是《瓜分危言》《亡羊录》《灭国新法论》。概而言之，这三篇文章的主旨是，无论是财政性外债或商业性外债都只会导致亡国。梁启超论述的理由主要有二：

其一，外债导致利权外流。他引用何启的分析，指出1878—1898年清廷所借外债“不过三十年，而息之浮于本者几五倍，合本以计，则六倍于今也……则三十年后，其不能还二十三万万元之息又明矣”。加上辛丑赔款的四万万五千万两，“则三十年后，中国新旧债，本息合计当在六七十万万以上。即使外患不生，内忧不起，而三十年后，中国之作何局面，岂待蓍龟哉，又岂必待三十年而巳（已）”⑤。在他看来，列强通过债权控制财权，从而达到“夺其权不必夺其土焉，夺其实不必夺其名焉……如狐媚之蛊之，吸其精血，以瘵以死，人犹昵之”⑥的无形瓜分中国之目的，因此，中央政府借外债就是将中央财权拱手让给外人，地方政府借外债就是将地方财权赠给外人。无怪乎他要在《亡羊录》中怒斥借债兴业的张之洞、盛宣怀等人被外人愚弄，都是误国之臣。

其二，外债迫使中国丧失部分主权。1898年，梁启超著文分析是年6月26日签订的《芦汉铁路比国借款续订详细合同》和《芦汉铁路行车合同》，激烈抨击清廷向比利时银团借款修筑芦汉铁路的举措。他指出，比利时银团的幕后控制者是华俄道胜银行，该行“名为公司，实则俄国政府为其资本主也……俄人东三省铁路，即经此银行之手，今复借比国为名，以握芦汉铁路之大权，而比人所以反复改约之故，皆由俄、法两国左右之也”⑦。1901年，他以埃及为例指出清廷通过出卖路权、矿权的方式以高息举借外债，将导致债务负担日益沉重，必然无法偿还，最终“凡借款所办之路，其路必

⑤ 梁启超:《灭国新法论》,转引自《梁启超全集》第二卷,北京出版社1999年版,第471页。

⑥ 梁启超:《瓜分危言》,转引自《梁启超全集》第二卷,北京出版社1999年版,第294页。

⑦ 梁启超:《亡羊录》,转引自《梁启超全集》第二卷,北京出版社1999年版,第305页。

至展转归外人之手而后已，路归外人，而路所经地及其附近处，岂复中国所能有耶”[④]。通过这种方式，列强将铁路控制权长期化，使“中国多开一铁路，即多一亡国之引线。又不惟铁路，凡百事业，皆作如是观矣”[⑤]。

梁启超早期极力反对外债的观点有一定的合理性。比如芦汉铁路的借款来源主要是法、俄两国，而俄国本身就是资本输入国。1890年前后，俄国股份公司资本总额17.37亿卢布，其中外国股东拥有9.11亿卢布，占52.45%[⑥]。法国基于地缘政治的考虑，大量承购俄国公债，以至于俄国财政大臣维特将法国说成是俄国政府的“钱库”[⑦]。这种借款显然带有明确的政治目的。

梁启超早期外债观看似站在国家角度考虑问题，实则不然。比如他预测铁路运营将入不敷出，必然无法赎回，但事实并非如此。比如芦汉铁路建成后，仅1907年总收入就高达890万元，包括外债利息在内的支出总额约669万元，盈利约221万元。在这种情况下，清廷拨款500万两，并向英国汇丰银行和法国汇理银行各借250万英镑，于1909年1月1日收回

④ 梁启超：《灭国新法论》，转引自《梁启超全集》第二卷，北京出版社1999年版，第472页。

⑤ 梁启超：《灭国新法论》，转引自《梁启超全集》第二卷，北京出版社1999年版，第472页。

⑥（英）M.M.波斯坦等著，徐强等译：《剑桥欧洲经济史》第七卷下册，经济科学出版社1982年版，第456页。

⑦ 夏炎德：《欧美经济史》，上海三联书店1991年版，第460页。

了京汉全路的管理权[⑤]。这一时期梁启超的外债观较为肤浅，未能超出同时代人的一般水平，跟洋务派实干官僚相比也差距甚远。

戊戌政变后，梁启超东渡日本，以日本书为载体吸取欧美文化的精华。1899年3月，他在给夫人的家书中谈到："我等读日本书所得之益极多极多。"[⑥]尽管梁启超自谓"脑质为之改易，思想言论与前者若出两人"[⑦]，但从1901年梁启超所著的《灭国新法论》来看，其外债观并未发生转变，与此前的思想基本一致。梁启超在该文中痛斥举借外债的张之洞是"庸腐、奸险貌托维新之疆臣"，臆断借外债的官员"骤得此额外之巨款，以供目前之挥霍。及吾之死也，或去官也，则其责任非复在我云尔。而岂知其贻祸于将来，有不可收拾者耶"。他还警告变法维新者"慎勿学张之洞、盛宣怀之政策以毒天下也"[⑧]。

梁启超之所以一直将张之洞等人作为政治攻击对象，不只是个人偏见，还因为洋务派与维新派之间的派别矛盾。梁启超不仅是个学者，还具有在野政治活动家的身份。一些在野政治活动家为了一展政治抱负都希望一朝登天，一旦获得最高统治者的青睐，往往喜出奇招，夸大其词，追求突变式

⑤ 金士宣、徐文述：《中国铁路发展史：1876—1949年》，中国铁道出版社1986年版，第84–85页。

⑥ 丁文江、赵丰田：《梁启超年谱长编》，上海人民出版社2009年版，第116页。

⑦ 丁文江、赵丰田：《梁启超年谱长编》，上海人民出版社2009年版，第123页。

⑧ 梁启超：《灭国新法论》，转引自《梁启超全集》第二卷，北京出版社1999年版，第471–472页。

变革。他们的改革方案是书斋里的闭门造车，多不切实际。

据说张之洞原本对康有为、梁启超等人印象甚好，也赞同他们维新变法的主张。张之洞的幕僚辜鸿铭等人对康有为、梁启超等人的维新方案经过深入剖析，向张之洞明确表示，康有为、梁启超等人的政治设想实为激进的法国雅各宾派主义之中国翻版，必将给中国带来无穷的灾难[⑤]。张之洞转而反对康有为、梁启超等人的改革。没有任何政治根基的康梁维新派得不到清廷思想最为开放的张之洞、盛宣怀等洋务派官僚集团的支持，走向失败便是必然的结果了。维新派与洋务派之间的政治矛盾使梁启超对洋务派官员痛恨不已。外债恰好成为梁启超的政治工具。当时的朝野上下存在着一种普遍排斥外债的心理。梁启超将外债问题变成自己的政治工具，反对借外债一举两得，既可以吸引舆论关注，宣扬维新主张，也能在政治上打击洋务派的痛处。因此，梁启超早期对外债的论述不仅肤浅，还有带有一定的政治投机性。

二、梁启超外债观中经济民族主义原则的确立

知识的吸收和思想的转变需要一个过程。东渡日本数年，梁启超外债观真正发生巨变的时期是在1903—1906年。梁捷指出，这一转变以1906年《开明专制论》的完成为标

⑤ 马勇：《中国近代通史（第四卷）：从戊戌维新到义和团（1895—1900）》，江苏人民出版社2009年版，第265-268页。

志[②]。政治嗅觉极其敏锐的梁启超在西方众多经济学派中找到了产生共鸣的对象，即以李斯特为代表的德国历史学派。日本学者森时彦考证出该学派是如何对梁启超经济思想产生影响的[③]。德国历史学派是典型的经济民族主义者，他们认为，英国经济学家所主张的自由主义经济学并不是一种科学的经济学理论，而是先进国家英国对其他落后国家进行经济掠夺的一种辩护。他们主张，落后国家应基于经济民族主义立场，以民族国家利益最大化为目标，适当采用贸易保护主义政策，抵御外国的经济侵略，促进本国的国民经济发展。

梁启超对经济民族主义的认同，使得他的外债观发生了转变。在梁启超1904年所著的《中国国债史》和《外资输入问题》中能明显感受到，他的个人立场或派别立场明显弱化，民族国家的立场显著强化，政治性攻击的过激言辞则转变为较为理性的政策研究与财政制度分析。在这一时期，梁启超外债观确立了经济民族主义的基本原则。概括来说，经济民族主义基本原则主要有以下三个方面：

第一，客观看待中国大肆借债的必然性。梁启超在《中国国债史》中搜集了1866—1903年的外债数据资料，尽管这些资料以今天的眼光看十分疏陋，但他利用有限的资料站在国家角度较为客观地分析了晚清举借外债的原因、过程和后

② 梁捷：《梁启超经济思想的演变过程》，《社会科学战线》2008年第2期，第88-97页。

③（日）森时彦：《梁启超的经济思想》，转引自（日）狭间直树：《梁启超·明治日本·西方——日本京都大学人文科学研究所共同研究报告（修订版）》，社会科学文献出版社2012年版，第199-222页。

果。梁启超指出，甲午战争后才是清廷大肆举债的开始。换言之，战争赔款才是外债剧增的直接原因。1891年，清廷财政总收入约为银8968万两，总支出约为银7935万两，财政盈余近千万两[③]。甲午战争前，清廷共举债69笔，债务额占整个清代外债总额的7%。甲午战争后，清廷共举债139笔，债务额占清代外债总额的93%。战争赔款或赔款债务化的债务额占到清廷债务总额的61%[④]。即使不考虑借银还金、金贵银贱导致的镑亏等因素的影响，甲午赔款的外债每年偿还本息平均至少在2000万两库平银，庚子赔款债务化每年偿还本息平均亦超过了2000万两海关银[⑤]。1901年的海关两与库平两大致相等，两项合计约占1908年清廷财政清理之前财政收入的二分之一到三分之二。梁启超承认，积贫积弱的中国大举外债实属无奈之举，如果清廷"无外债之可借，则十年以来，国既亡久矣……政府所必需之款项，既骤增于前，而无术以取给，势不得不加赋税。赋税骤加，则民惊扰而怨讟，揭竿斩木……而政府遂无道以自救……有外债以调剂之，则可以摊年筹偿，易整数为畸零，易直接为间接……故民遂与之相

③ 汪敬虞:《中国近代经济史:1895—1827》中册,人民出版社2000年版,第1298页。

④ 金普森:《清代外债研究中的几个问题》,转引自许毅,金普森,隆武华,等:《清代外债史论》,中国财政经济出版社1996年版,第39-52页。

⑤ 汪敬虞:《中国近代经济史:1895—1827》上册,人民出版社2000年版,第400页。

忘，而怨扰不至太甚”[④]。

第二，梁启超正确地区分了有利于资本主义发展的商业性外债和侵犯国家主权的政治性外债。当时列强资本过剩，由商品输出变为资本输出，中国有机会引入外资来发展本国经济。梁启超指出，商业性外债如果“能如欧美各国之以本国公债券，自由吸集者……万无牵涉及于政局之患”，可以补充中国资本匮乏的缺憾，“利用他国母财，以殖吾产而兴吾业”，只要政府财政基础稳固，管理运用适宜，外资不仅不会病国，反而是“利多而害少”[⑤]。他还以美国为例，分析指出美国南北战争前，铁路、矿务、邮船、工厂等各种产业资本的积累都依靠欧洲国家，仅政府公债债权属欧洲人的占六七成，到了20世纪初，美国“遂以第一等资本国、债权国闻于世界，且贾余勇以还侵略欧洲之市场”[⑥]。梁启超以是否有利于国家发展的标准区分了生产性外债和非生产性外债。他认为，“外资最可怖之问题何在乎？曰：不问其外资之来源，而问其外资之用途。用之于生产的，往往食外资之利”[⑦]。在梁启超看来，可以殖产兴业的商业性外债是生产性外债，而战

④ 梁启超:《中国国债史》,转引自《梁启超全集》第五卷,北京出版社1999年版,第1424页。

⑤ 梁启超:《外资输入问题》,转引自《梁启超全集》第五卷,北京出版社1999年版,第1329页。

⑥ 梁启超:《外资输入问题》,转引自《梁启超全集》第五卷,北京出版社1999年版,第1326页。

⑦ 梁启超:《外资输入问题》,转引自《梁启超全集》第五卷,北京出版社1999年版,第1328页。

争赔款之类的政治性外债则是非生产性外债。梁启超并不认为政治性外债绝对不能借。他认为，如果政府能够奖励实业，发展经济，政治性外债问题会迎刃而解。如果政府管理不当，缺乏远谋，出卖经济主权，如抵押关税、盐税等财政权，就有可能像19世纪的埃及一样因外债而灭国。

第三，基于民族经济独立性的角度，梁启超认为，国家应吸收外债这样的间接投资，而尽可能避免外人的直接投资。这一原则是德国历史学派观点在中国特殊国情中的异化。他指出，中国企业家技不如人，中国民族资本过于薄弱，如果外资自由进入中国，“殆非复以溅溅涓滴而渐致也，其必挟长江大河暴风迅雨之势，取其最新最剧之托辣斯制度，一举而布溢于此旧大陆。五十年之后，吾恐今日中国所谓资本家者，一无存矣”[⑤]。单薄的中国民间资本易为外人利用，外债不该商借，而应官借。梁启超以日本、埃及和阿根廷等国的历史经验和教训为例指出，为了民族国家的百年大计着想，在完成宪政改革的前提条件下，通过政府“以普通之名义，大募一次外债，其对于外国应募者，不必宣言此债之用途何属也”[⑥]，权自我操，壮大国有资本，由政府调度资金来兴办各种产业，从而在主权独立的基础上促进经济的发展。

---

⑤ 梁启超:《外资输入问题》,转引自《梁启超全集》第五卷,北京出版社1999年版,第1331–1332页。

⑥ 梁启超:《外资输入问题》,转引自《梁启超全集》第五卷,北京出版社1999年版,第1335页。

三、梁启超经济民族主义外债观的成熟和缺憾

1905—1908年，梁启超将主要精力投入立宪派的政治活动中。直到1909年，梁启超才重新深入学习经济与金融理论。1909年8月，他在给梁启勋的家书中说："稍稍定所归向，大约国法与生计二学，为我巢穴矣……而为学日有常课，精神日用则日出。"[③]次月他给徐佛苏的书信中说："惟读书、著书以自娱乐，东籍以外，乃至兼及德文，遂至无一刻暇。"[④]梁启超是一个有所学必有所用的人。1910—1911年，他连续发表十几篇分析外债的文章，大多是时政评论。只有1910年发表的《外债平议》系统论述了外债理论，这标志着梁启超外债观的成熟。这一时期，梁启超基于经济民族主义的原则，深入探讨了外债问题，并提出了大量解决具体问题的建议与方案。这两年的文章与过去相比，基于经济民族主义原则的思想成熟主要表现为两点：

第一，以国家利益最大化为目标，基于地缘政治的视角，综合各方面因素分析外债问题。比如梁启超关于铁路外债的分析便是如此。

日俄战争之后，东北被日俄瓜分，而日本的野心尤其让人不安。日本驻华公使内田康哉曾提出所谓的"铁路灭华策"，即"欲使支那亡而不知所亡，分割而不知其所以分割，

③ 丁文江、赵丰田:《梁启超年谱长编》,上海人民出版社2009年版,第320页。

④ 丁文江、赵丰田:《梁启超年谱长编》,上海人民出版社2009年版,第321页。

其惟铁道政策”[3]。在这一局势下，清廷为了打破南满铁路的日本垄断，欲引入美国资本修建与南满铁路平行的锦爱铁路。1909年10月2日，锡良、程德全与美国银团代表司戴德签订锦爱路草合同。美国国务卿诺克斯向各国建议，中国向各国借债以赎回东北所有铁路，但铁路由国际共同经营，此即所谓的“诺克斯计划”。梁启超对清廷在锦爱铁路问题上采取“借甲国以抵制乙国，一面将锦爱借款，公诸英美日俄诸国，同时亦将张恰借款，公诸英美日俄诸国，则其祸虽不可终免，然目前尚可以稍纾”的均势外交政策大加赞赏。他说：“夫此种政策，固吾生平所最不喜者也，今则无可如何，而亦不得不赞之……”[4]

在锦爱铁路、川藏铁路、库乌铁路等边防铁路的修建问题上，梁启超认为，边防铁路“直接关系一边境之安危，而间接关系全国之安危。为统治此庞大之国家起见，此种铁路固万不可缺，为抵御强邻使国家得以安堵起见，此种铁路尤不可缺。真所谓国家百年大计者也”[5]。但他强调一切手段都是为了围绕一个目的——国家利益最大化。他指出：“所谓以运兵、移民为目的，以铁路为手段者，目的终不可得达，而手段之为枉用明矣……以今日财政基础漂摇杌陧至于此极，

③ 汪敬虞：《中国近代经济史：1895—1827》上册，人民出版社2000年版，第645页。

④ 梁启超：《张恰铁路问题》，转引自《梁启超全集》第六卷，北京出版社1999年版，第1853页。

⑤ 梁启超：《论边防铁路》，转引自《梁启超全集》第八卷，北京出版社1999年版，第2372页。

而劝其举重债以办此不生利之路，恐路方成而国之主权，已非复吾有耳。”[④]日后事态的发展果然是朝着他预测的方向发展。“九一八事变”后，日本劫收控制了中国耗巨资在东北修建的铁路。

第二，明确了外债的工具性特点，厘清了国家利益最大化与举借外债之间的关系。

梁启超认为：“平心论之，外债之本质，非有病也，即有之，其病亦微，而非不可治。天下事弊恒与利相缘，岂惟外债，而外债之特以病闻者，则政治上之病而已。”[⑤]在此基础上，他给出了借外债的一系列先决条件。比如，外债的规模“当视国民企业之能力何如？以吾前者所推论，国民企业能力之缺乏，既已若彼，窃恐所企者十九失败，而恃为资本之外债，其一掷而不可复也。与投诸不生产之地等”[⑥]。这就是说外债规模不能超出当前的吸收消化能力以及未来的偿还能力。外债仅为解决问题提供了可能性，要使可能性得以实现，必须要使外债能够促进资本形成，从而提高偿债能力，使国民收入之增加大于借款成本，这样才能防止国家陷入借新债还旧债、债务不断增加的恶性循环中。

尽管梁启超的外债分析，客观性大为增加，尤其是《外

④ 梁启超：《论边防铁路》，转引自《梁启超全集》第八卷，北京出版社1999年版，第2373页。

⑤ 梁启超：《外债平议》，转引自《梁启超全集》第七卷，北京出版社1999年版，第2009页。

⑥ 梁启超：《外债平议》，转引自《梁启超全集》第七卷，北京出版社1999年版，第2016页。

债平议》一文，思路清晰、逻辑严谨、论述精辟，超越了同时代的大多数人，但仍存在着两大缺憾：

第一，论述有矛盾之处和浮夸之嫌。在《外债平议》中，梁启超为了论证借外债的先决条件，在该文第四节用法国、意大利和俄国的例子，说明发达国家借外债的结果要好于落后国家。在论及法国时，他将外国人所有的债券视为外债，而在第三节却说："在本国市场募集者，可名曰内债；在外国市场募集者，可名曰外债。以本国货币积算者，可名曰内债；以他国货币积算者，可名曰外债。"[④]前后论述显然相互矛盾。以现在的眼光看，前者较为准确。在论及意大利时，他说："彼盖以外债之故，将全国铁路开通，国中增设无数之工艺厂，又改良土壤使农业大进于昔，而其人民遂缘此诸业，以各自殖其富……苟非借外债之力，则此所羸所蓄者，决无术能致也。"[⑤]事实上，当时的意大利在国外市场发行的债券多被以罗斯柴尔德家族为首的法国金融财团垄断，该国俨然已成为法国的经济附属国。意大利公债利率高于国际市场，这不仅未能促进本国工业发展，反而使法国金融财团可以牟取暴利。就铁路建设来说，意大利铁轨、机车等各种物资都取之国外，未能有效推动经济发展和工业化[⑥]。梁启

④ 梁启超：《外债平议》，转引自《梁启超全集》第七卷，北京出版社1999年版，第2004页。

⑤ 梁启超：《外债平议》，转引自《梁启超全集》第七卷，北京出版社1999年版，第2006页。

⑥（意）瓦莱里奥·卡斯特罗诺沃著，沈珩译：《意大利经济史：从统一到今天》，商务印书馆2000年版，第83-148页。

超对意大利的论述未免有夸大其辞之嫌疑。

第二，书斋式的设计方案大多不具可操作性。梁启超连续发表了《国民筹还国债问题》《再论筹还国债》《偿还国债意见书》等三篇文章讨论外债偿还问题。他最终给出的解决方案是偿债基金法[④]。所谓偿债基金，即设立一个特别基金，由政府一次性拨款作为基本金，此后每年均按一定的额度拨款给该基金来向市场以时价购入公债，并以每年收取利息不断购买公债，直到所有债券收完为止。梁启超在《偿还国债意见书》中还给出一个定量分析的例子，看起来很有说服力，其实这一方案完全是书斋式学者的纸上谈兵。设立基金必然要有基金管理机构和相应的监管机构，这就需要建立完善的金融市场。无论是政府的定期拨款还是利息收入，都来源于政府财政，羊毛出在羊身上。以清末政府捉襟见肘的财政状况，不谈定期拨款，即使按梁启超的方案第一笔六亿两基本金的筹措都不可能实现。

四、失败的实践及原因

辛亥革命后，梁启超先后两次入阁，分别于1914年和1917年担任过币制局局长和财政总长。他意图实现自己的金融财政主张，但一无建树。1917年，梁启超为了实现他一向所主张的虚金本位制，欲向各国政府举借数亿元外债。同年，梁启超代表北洋政府与日本签订了两笔总额近1500万日

④ 梁启超:《偿还国债意见书》,转引自《梁启超全集》第七卷,北京出版社1999年版,第1952页。

元的借款，还希望利用缓付庚子赔款的机会发行5000万元内国公债，试图以这两笔款项来改革币制、整顿金融[②]。从学理上讲，这符合他一向强调的经济民族主义原则。遗憾的是，当时军阀割据，政局混乱，国困民穷，种种设想都成具文。梁启超担任财政总长期间，中央财政收入共7000余万元，而军费支出6900万元，刚性的内外债到期本息2400万元。梁启超无奈之下只好违背初衷，将所借日债挪为他一向最为反对的非生产性支出的军政费用[③]。梁启超经济民族主义外债观在现实面前不堪一击，他的实践以失败而告终。

梁启超外债观在实践中失败的原因是复杂的，既有宏观方面的社会历史环境的约束，又有他自身性格弱点和职业生涯的局限性。

从宏观方面来讲，在梁启超所处的时代，政局动荡，国弱民贫，地方藩镇又趁势坐大，就连袁世凯这样的强人也无法彻底控制地方财权。在这种情况下，中央财权受到严重削弱，中央财政入不敷出。举借外债显然是用于财政方面，难以做基于经济民族主义的长远考量。梁启超经济民族主义外债观的种种设想多套自欧美先进国家的财政金融理论，缺少在实践中实现的外部环境。从微观方面来讲，梁启超是政治活动家和政治评论家，并且多年从事报刊出版事业。这就决定了梁启超在做政治宣传工作时有复杂问题简单化的倾向，并多有浮夸之言以吸引读者，正所谓“笔锋常带感情，对于

② 李喜所、元青：《梁启超传》，人民出版社1993年版，第430页。

③ 李喜所、元青：《梁启超传》，人民出版社1993年版，第434页。

读者，别有一种魔力焉”[3]。此外，梁启超的性格好博而不深，他自己也说：“吾学病爱博，是用浅且芜。”[4]这导致梁启超对外债的研究只是浮在表面，缺乏专业的财经理论知识，未达到专家水平。当时的财政部官员潘敬认为，梁启超“到任多时，一筹莫展。直不如一泛泛理财家，用熟识之情形按部就班。任公则挟书生之见，动辄乖舛……登台以来，毫无成绩可言。乃知空论与实行，截然为二”[5]。

总而言之，梁启超经济民族主义外债观既给后人留下了一份丰富的思想文化遗产，也给后人提供了一种学理贯彻于实践的历史经验和教训。

（原文发表于《燕山大学学报（哲学社会科学版）》2016年第1期）

---

③ 丁文江、赵丰田：《梁启超年谱长编》，上海人民出版社2009年版，第180页。

④ 丁文江、赵丰田：《梁启超年谱长编》，上海人民出版社2009年版，第349页。

⑤ 惠隐：《梁启超任北洋财政总长时二三事》，转引自吴其昌：《梁启超传》，百花文艺出版社2004年版，第155-156页。

近代芜湖对外贸易的历史统计（1900—1934）

近代旧海关统计与造册方法存在诸多问题，但有学者指出，由于近代中国海关主要由外国人控制，从而能在当时的历史条件下，留下近代最为完整、系统的统计数据可供研究，然而这一丰富的资源尚未被充分利用[④]。芜湖在近代中国属于普通的通商口岸，但芜湖在安徽近代经济发展史上具有举足轻重的地位。通过研究芜湖海关的对外贸易数据，可以对20世纪初的安徽经济乃至中国的经济变迁提供一种侧面视角。本文以国民政府实业部国际贸易局编制的《最近三十四年来中国通商口岸对外贸易统计：1900—1933》[⑤]为主要依据并参考中国银行总管理处经济研究室编制的《中国对外贸易统计：1933—1934》[⑥]及其他材料，对芜湖对外贸易进行定量与定性相结合的研究。

④ 吴松弟、方书生:《一座尚未充分利用的近代史资料宝库——中国旧海关系列出版物评述》,《史学月刊》2005年第3期,第83-92页。

⑤ 国民政府实业部国际贸易局:《最近三十四年来中国通商口岸对外贸易统计:1900—1933》,商务印书馆1935年版。

⑥ 中国银行总管理处经济研究室:《中国对外贸易统计:1933—1934》,中国银行总管理处经济研究室1935年版。

一、对外贸易统计分析

（一）对外贸易的总体分析

首先，看芜湖对外贸易总的变化。我们对1900—1933年的进口总额与进出口总额数据[④]进行皮尔逊相关性检验，相关系数r=0.903，具有极强相关性，$p_1=2.690\times10^{-13}<0.05$，极强相关性显著。出口总额与进出口总额之间的相关系数r=0.912，具有极强相关性，$p_2=6.119\times10^{-14}<0.05$，极强相关性显著。这表明进口与出口都具有很强的重要性。由于$p_1<p_2$，这就意味着进口比出口的影响略大。进口总额与出口总额之间的相关系数r=0.648，具有强相关性，$p_3=3.420\times10^{-5}<0.05$，强相关性显著。这意味着进口与出口之间也相互影响。这表明近代芜湖作为安徽地区商品集散中心的地位十分明显。

其次，根据图1，以银为计量单位来看，总的来说，1900—1934年进出口总额趋于上升，尤其在1900—1905年、1908年、1912年、1918—1920年、1924—1926年和1928—1930年显著上升。但也分别在1906—1907年、1913年、1920—1922年、1927年和1932年有过下滑。下滑的原因分别是：1906—1907年，长江与淮河流域发生多次水灾，芜湖也是“久雨成灾，自万顷湖圩溃决，田亩悉成泽国”[⑤]，安徽南

④ 数据来自《最近三十四年来中国通商口岸对外贸易统计：1900—1933》第二表（九）芜湖。

⑤《请勘水灾》，《申报》光绪三十二年八月十八日。

北多地粮食歉收；1912年，海牙国际禁烟会议要求各国禁止鸦片运入或运出中国[③]，民国政府成立后孙中山与袁世凯也多次颁布禁烟法令，1913年年初全国开始严格执行禁烟令[④]；1920—1922年，爆发了直皖战争和第一次直奉战争；1927年，发生了北伐战争；1931年，长江流域爆发特大水灾，“据全国水灾赈济会报告，不仅超过中国苦难历史中任何一次水灾，而且也是世界历史中‘创纪录的大灾’”[⑤]，安徽灾情“最重，占八省百分之二十二，县份百四十四。中间，有百三十一县大地沉没者达数个月，损失每户平均达四五七元”[⑥]，这导致1932年的进出口额下降。

如果考虑到白银购买力的变化，对外贸易的上升则不是那么明显了。自19世纪70年代开始，国际金本位制度逐渐确立，中国和印度成为世界上唯一采用银本位的国家。1899年，印度采用了以白银作流通媒介的金本位制[⑦]，中国是当时唯一的银本位大国。1900—1902年，白银对英镑的汇率变化不大，但对米以及进出口商品的购买力下降了一半以上，1902—1911年的白银购买力在波动中缓慢下降[⑧]。从白银实际

③（美）马士、宓亨利著，姚曾廙译：《远东国际关系史》，上海书店出版社1998年版，第526页。

④ 王宏斌：《民国初年禁烟运动述论》，《民国档案》1996年第1期，第80-90页。

⑤（美）阿瑟·恩·杨格著，陈泽宪、陈霞飞译：《一九二七至一九三七年中国财政经济情况》，中国社会科学出版社1981年版，第423页。

⑥ 邓云特：《中国救荒史》，商务印书馆1937年版，第45页。

⑦（英）约翰·F.乔恩著，李广乾译：《货币史——从公元800年起》，商务印书馆2002年版，第161-163页。

⑧ 彭信威：《中国货币史》，商务印书馆1958年版，第612-617页。

价值来看，1900—1911年，芜湖海关进出口总额是缓慢下降的。在第一次世界大战前后一段时间内，白银实际购买力上涨，物价水平下降[⑦]，这一时期的进出口总额是波动上涨的。1921—1928年，银价下跌至战前水平，这一时期进出口总额缓慢波动增长。1929—1933年，世界经济大危机的爆发导致芜湖进出口额急剧下滑。

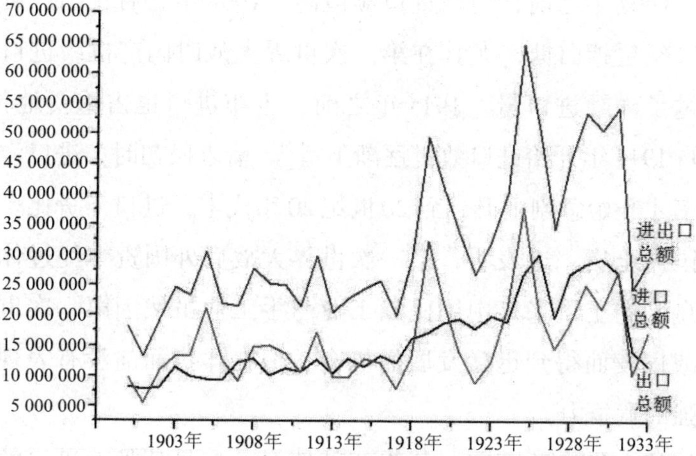

图1　进出口总额构成

注：本文凡涉及货币单位的图，纵坐标单位均为关平两。

资料来源：根据《最近三十四年来中国通商口岸对外贸易统计：1900—1933》第二表（九）芜湖的数据绘制。

（二）对外贸易的市场结构分析

近代中国形成了初级产品市场、中级转运市场或集散市场、消费或终点市场的三级市场结构。这是以沿海通商口岸

⑦ 余耀华:《中国价格史(先秦—清朝)》,中国物价出版社2000年版,第315页。

为核心，以其他城市为支撑，以农村市场为依托的多层级市场体系[②]。芜湖既和沿海城市不同，也与一般的内陆城市有显著差别。

根据图2，芜湖开埠30多年的进口货物主要来自国内的土货，土货进口占进口总额的比率平均为41%。进口土货以白糖、国产机纱、土布、桐油、药材、纸烟、火柴、烟叶等为主。1907年之前，白糖进口额最高。1908年之后，国产机纱进口额超越白糖，尤其在第一次世界大战时国产机纱进口量超过了洋纱进口量。1911年之前，土布进口也占重要地位，但自1911年开始进口数量逐渐下滑[③]。清末民初时，进口洋货比率才开始急剧上升，到20世纪20年代末，进口洋货比率超过国内土货。这表明，第一次世界大战后外国资本经过休养生息又卷土重来，中国民族工业与手工业虽然因第一次世界大战爆发而得到迅猛发展的机会，但在洋货面前没有表现出很强的竞争力。

就土货来源而言，分为两种情况：一是从外地进口的土货，二是本地产土货。根据图3，进口土货在1900—1916年大多输入安徽当地，从1917年开始绝大多数都以芜湖为转口口岸输出外洋。之所以如此的原因在于第一次世界大战之后欧美国家物资紧缺，大量输入中国商品。如面粉原本是进口商品，但在第一次世界大战后大量输出外洋。1914年，面粉进

② 刘克祥、吴太昌:《中国近代经济史:1927—1937》,人民出版社2000年版,第1643-1644页。

③ 王鹤鸣:《芜湖海关》,黄山书社1994年版,第38-40页。

口数量为219.7万担，出口仅6.9万担，但在第一次世界大战后的1918—1921年，进口仅在27万～75万担，出口却猛涨到200万～400万担[③]。1929年，经济大危机爆发后，外洋通货紧缩，购买力下降，通过芜湖转口外洋的比率开始急剧下降。本地产土货货值远高于进口土货，总的来看，土货出口外洋占土货出口总额的比率最高的1926年也仅在11.6%左右，1900—1934年平均仅有2.7%。

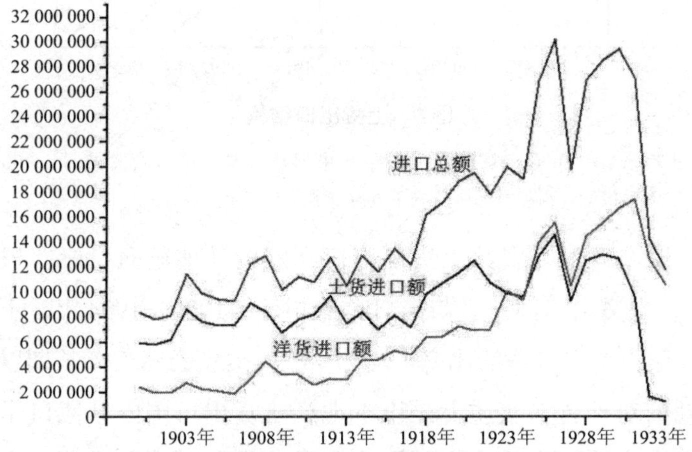

图2　芜湖进口额结构

资料来源：根据《最近三十四年来中国通商口岸对外贸易统计：1900—1933》第二表（九）芜湖的数据绘制。

③ 刘克祥、吴太昌：《中国近代经济史：1927—1937》，人民出版社2000年版，第1661页。

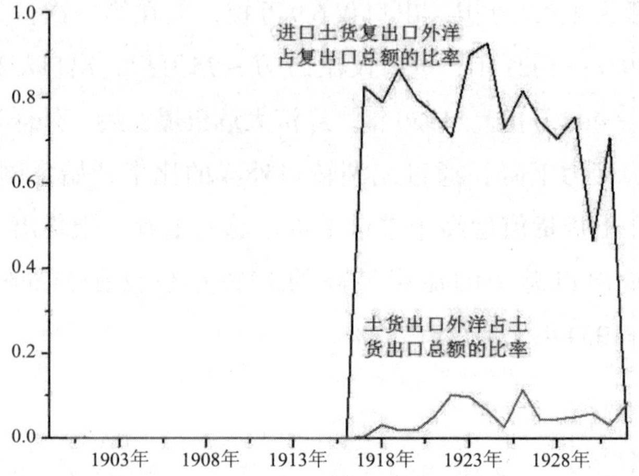

图3　土货出口结构

资料来源：根据《最近三十四年来中国通商口岸对外贸易统计：1900—1933》第三表甲（九）芜湖的数据计算并绘制。

反之，绝大多数土货都出口到国内其他通商口岸。根据图4，土货出口额几乎与出口总额相等，1930—1934年，土货出口额占总出口额的比率平均为98%。这就意味着，长期以来芜湖的对外贸易实质上是以本地产土货出口国内其他口岸和进口土货输入本地为主的国内贸易。进口洋货与进口土货的复出口额几乎可以忽略不计。芜湖作为洋货中级转运市场的作用并不明显，这与其他集散市场具有明显的区别。这是因为芜湖在20世纪初是与九江、上海具有同等地位的全国性稻米输出中心，从而弱化了二级中转市场的功能。

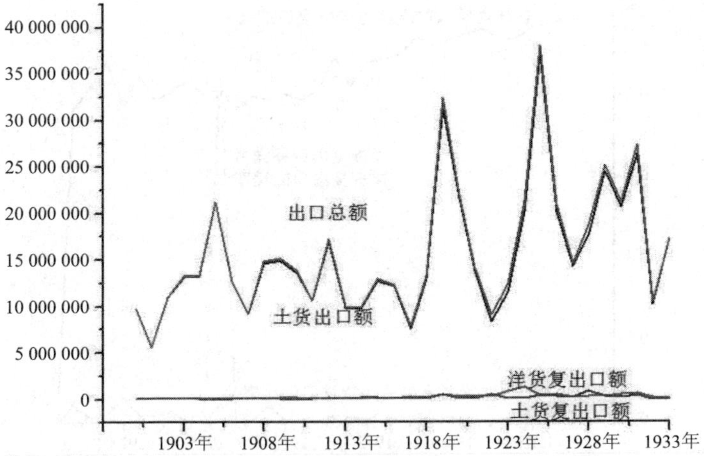

图4　出口结构

资料来源：依据《最近三十四年来中国通商口岸对外贸易统计：1900—1933》第三表甲（九）芜湖的数据计算并绘制。

如果不考虑稻米输出的情况，根据图5，芜湖输入的洋货极少由外洋直接输入，1900—1930年，平均87%的洋货由国内口岸输入。芜湖所处的中部地区，洋货输入大多来自上海，这表明芜湖仍然具有中级转运市场的性质。从趋势来看，外洋直接输入的洋货比率越来越高，这说明海外资本的触角对中国的渗透从沿海口岸越来越深入包括安徽在内的沿江和内陆地区，这些地区与资本主义世界经济体系的联系日趋紧密。进口洋货复出口所占的比率在0～4%，大多时期低于1%，这表明进口洋货大多输入安徽本地。在极低的进口洋货复出口的不同年份中，除1922年外几乎都输往其他口岸，这表明输入中国的洋货大多在国内消费或使用。

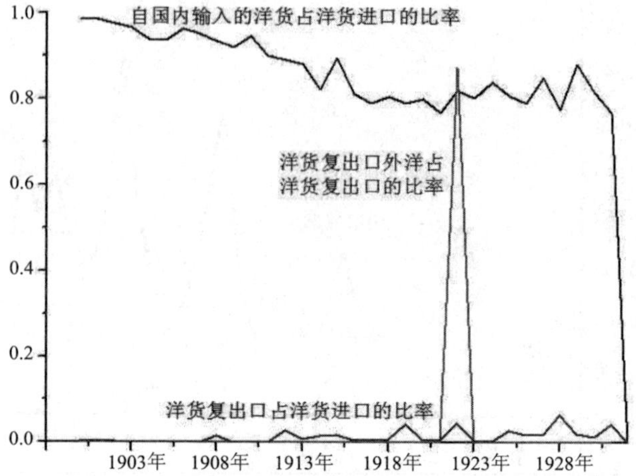

图5　洋货来源与去向

资料来源：依据《最近三十四年来中国通商口岸对外贸易统计：1900—1933》第三表甲（九）芜湖的数据计算并绘制。

二、海关关税的统计分析

自鸦片战争以来，中国海关自19世纪50年代初开始便逐渐为外人控制。片面最惠国待遇的协定关税制度导致中国关税自主权丧失。根据1858年中英《天津条约》，进出口税率名义上以从价税“值百抽五”原则征收，即“进出口各货税，彼时欲综算税饷多寡，均以价值为率，每价百两，征税五两”②，但实际上，至庚子之变后，关税自主权完全丧失。芜湖海关的情况亦然。根据图6，芜湖海关关税总额在1900—1930年波动较大。关税总额下降的年份有1901年、1904年、

② 王铁崖：《中外旧约章汇编：1689—1901》第一册，生活·读书·新知三联书店1957年版，第99页。

1906—1907年、1911年、1913年、1917年、1920—1922年、1926—1927年、1930年和1932年。

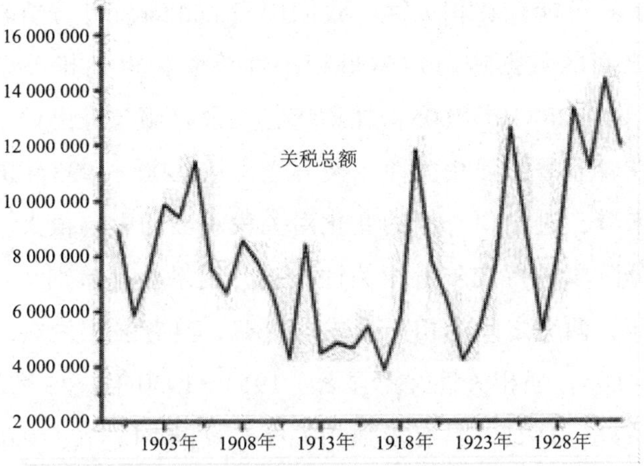

图6 芜湖关税总额

资料来源：根据《最近三十四年来中国通商口岸对外贸易统计：1900—1933》第九表（九）芜湖的数据绘制。

各阶段关税下降的原因分别是：1900年的庚子之变对芜湖关税影响不大，但1901年长江流域发生的水灾的影响极大，安徽“滨江沿湖数百里内，皆成泽国，流离失所者，既无干净土以息残喘，田园庐墓举埋于洪流巨浸中。其春季麦收经此漂泊率荡然殆尽”②。1906—1907年，亦因水灾。1911年，辛亥革命爆发，政局动荡。1913年，因禁止鸦片贩卖导致税额暴跌。1920—1922年，因直皖奉军阀战争导致政局动荡。1926—1927年，因北伐战争导致经济下滑。1932年，亦

② 姚锡光:《致皖北道冯观察煦募振函(光绪辛丑六月)》,转引自《吏皖存牍》卷下(和州)。

因上一年的特大洪灾。

图6中关税总额的变化与图1中进出口总额的变化之间从视觉上看可能存在相关性。我们用SigmaPlot统计分析软件将两者之间的数据进行皮尔逊相关性检验，得到相关系数 $r=0.57$，$p=4.28\times10^{-4}<0.05$。这意味着关税总额与进出口总额之间存在着显著的强相关性。换言之，从1900—1933年的整个时期来看，进出口总额的变化对关税总额的影响很大。如果我们分阶段进行皮尔逊相关性检验，结果会有差别。1900—1912年，两者之间的相关系数 $r=0.642$，具有强相关性，但 $p=0.052>0.05$，强相关性并不显著。1913—1930年，两者之间的相关系数 $r=0.915$，具有极强相关性，且 $p=4.12\times10^{-8}<0.05$，极强相关性显著。之所以如此，是因为不同阶段的关税政策与税率的变化影响到两者之间的相关关系。

1900—1912年的关税包括进口税、出口税、复进口税、船钞、内地进口子口税、土药各税和洋药厘金构成的鸦片税。根据图7，出口税与鸦片税占税收总额的比率最高，其他各税比率极小。出口税较高是因为芜湖是安徽稻米输出中心，向国内其他通商口岸大量输出米谷。但出口税额逐渐下降，尤其是在1906年之后，这表明芜湖米市的地位日趋下降。而鸦片税比率却波动上升，说明这一阶段鸦片贸易在芜湖对外贸易中具有举足轻重的地位。但同期鸦片在全国对外贸易中的地位已经逐渐下降，而安徽的情况却相反，这表明安徽地区所受鸦片的毒害要高于全国水平。

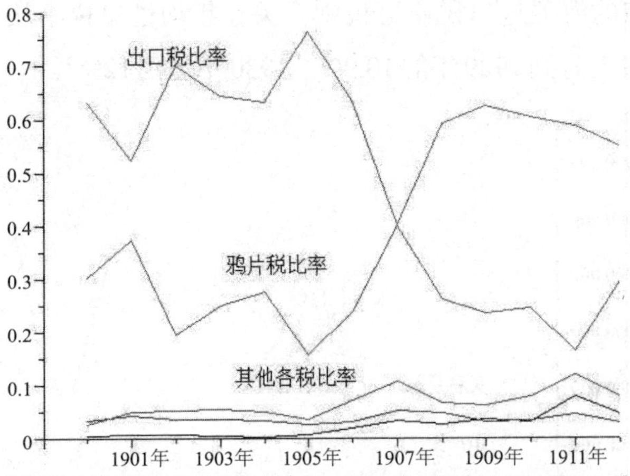

图7 1900—1912年关税结构

资料来源：根据《最近三十四年来中国通商口岸对外贸易统计：1900—1933》第九表（九）芜湖的数据绘制。

根据图8，对1913—1930年进口税与出口税进行皮尔逊相关性检验，相关系数r=0.94，$p=7.33\times10^{-9}<0.05$，具有显著的极强相关性。用其他税收进行皮尔逊相关性检验，结果是极不显著的极弱相关性。这意味着在这一期间，芜湖海关关税主要依靠出口税，其他税种的影响很小。换而言之，稻米出口的情况决定了整个芜湖关税的高低，从而反映出芜湖对外贸易的盛衰。此外，进口税自1918年开始波动上升，重要性日益明显。1918年的变化与同年北洋政府在1917年12月25日对部分进口商品提高税率的影响有关②，但在当时的影响甚微。1929年，进口税突然增加近一倍，这与国民政府在1928年12

② 刘克祥、吴太昌：《中国近代经济史：1927—1937》，人民出版社2000年版，第1395页。

月颁布的海关进口税修订税则有关，年均进口税率从1927年的3.9%上升到1929年的10.9%，1930年达到12%[②]。

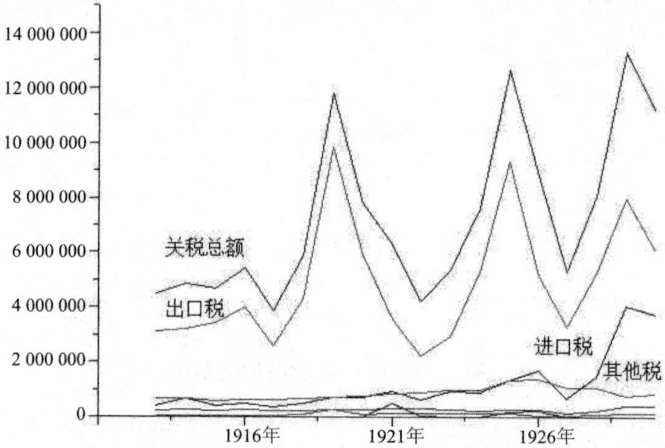

图8　1913—1930年关税结构

资料来源：根据《最近三十四年来中国通商口岸对外贸易统计：1900—1933》第九表（九）芜湖的数据绘制。

1930年，国民政府与日本签订《中日关税条约》，修订了《海关进口税则》，于1931年1月1日实施，这标志着裁厘改税的完成。海关关税结构发生了变化，对于芜湖来说，影响尤为重大的是海关仅对出国货物征收出口税，对转运国内其他口岸的货物一律免征[③]。出口税从1930年的60.58万关平两下

② 也有学者认为，进口税率由1927年的3.5%上升到1929年的8.5%，再到1930年的10.4%。参见严中平等：《中国近代经济史统计资料选辑》，中国社会科学出版社2012年版，第42页。

③ 刘克祥、吴太昌：《中国近代经济史：1927—1937》，人民出版社2000年版，第1411-1415页。

降到1931年的5.3万关平两，再到1932年的3186关平两。而进口税却在1933年暴涨到115.5万关平两。

三、与中国中部其他通商口岸的比较分析

一般把近代中国区域划分为北部、中部和南部三部分。中部地区的通商口岸包括重庆、万县、宜昌、沙市、长沙、岳州、汉口、九江、芜湖、南京、镇江、上海、苏州、杭州、宁波、温州等16座城市。

根据表1，芜湖所占比率从1900年的3.2%下降到1934年的0.27%，从绝对值来看在全国进出口贸易中的地位显著下降。但芜湖的排名没有变化，1900年是仅次于上海、汉口、重庆和镇江的第5位，至1934年仍是仅次于上海、汉口、南京和宁波的第5位，相对的地位没有变化。

表1　中部通商口岸对外贸易额占全国对外贸易总额的比率

年份	芜湖	宜昌	沙市	长沙	岳州	南京	苏州	万县
1900	0.0320	0.0032	0.0010	0	0.0003	0.0068	0.0021	0
1934	0.0027	0.0002	0	0.0026	0.0002	0.0118	0.0017	0.0001
年份	温州	九江	杭州	宁波	上海	汉口	重庆	镇江
1900	0.0026	0.0289	0.0167	0.0269	0.1728	0.1008	0.0432	0.0411
1934	0.0002	0.0026	0.0014	0.0038	0.3987	0.0267	0.0015	0.0009

资料来源：根据《最近三十四年来中国通商口岸对外贸易统计：1900—1933》第三表（乙）和《中国对外贸易统计：1933—1934》表四整理。

由表1可知，除了少数比率较低的中小口岸和上海外，中部地区比较有影响力的通商口岸，如汉口、重庆、镇江、芜

湖和九江的比率均大幅下降。汉口对外贸易额占全国对外贸易总额的比率1900年是1934年的3.8倍，重庆1900年是1934年的28.8倍，镇江1900年是1934年的45.7倍，芜湖1900年是1934年的11.9倍，九江1900年是1934年的11.1倍。这表明，镇江和重庆对外贸易的衰落最为明显，芜湖和九江的衰落较为明显，汉口的情况相对较好。

上海与其他城市的差距显著拉大。仅上海一地的进出口总额能占到全国的40%左右。从图9来看，1900年的上海仅是一个区域性的经济中心城市，到了1930年已经成长为全国性经济中心城市。我们将1900—1934年上海的比率与其他重要通商口岸的比率进行皮尔逊相关性检验，结果是：上海与镇江之间的相关系数$r=-0.731$，$p=6.08\times10^{-7}<0.05$，具有显著的强负相关关系；上海与九江之间的相关系数$r=-0.870$，$p=1.194\times10^{-11}<0.05$，具有显著的极强负相关关系；上海与汉口之间的相关系数$r=-0.910$，$p=3.807\times10^{-14}<0.05$，具有显著的极强负相关关系；上海与芜湖之间的相关系数$r=-0.749$，$p=2.21\times10^{-7}<0.05$，具有显著的强负相关关系；上海与重庆之间的相关系数$r=0.204$，$p=0.24>0.05$，具有不显著的弱相关关系。这表明，上海经济地位的上升对重庆的影响不大，但对汉口、九江的影响最大，其次对芜湖和镇江的影响较大。汉口、芜湖、九江、镇江等地仅是区域性贸易中心城市，国内贸易的比率较高。上海是连接中国与外洋的最大口岸，外国商品和外国资本的输入以上海为纽带。1936年，上海所设的英国洋行占其在华总数的59.86%，美国为59.32%，德国为47.24%，法国为

76.00%，意大利为93.33%，其他多数国家都在70%以上[3]。上海经济地位的相对上升与其他通商口岸地位的相对下降，意味着外国资本与商品地位的加强，本国资本与商品地位的下降。这反映出中国经济的半殖民地性质在1900—1934年是一个强化过程。在这一过程中，芜湖作为中级集散市场，其对外贸易历史变迁的过程也是一种自然的趋势。

图9　1930—1933年中部各通商口岸进出口总额占全国的比率

资料来源：根据《最近三十四年来中国通商口岸对外贸易统计：1900—1933》第三表（乙）绘制。

四、结论

通过对芜湖近代对外贸易的历史统计研究，我们得出以

③ 刘克祥、吴太昌:《中国近代经济史:1927—1937》,人民出版社2000年版,第1521页。

下一些结论：

第一，20世纪初的中国，政局动荡，水旱灾害不断。这对以芜湖对外贸易为代表的安徽经济不断造成了巨大的冲击，导致对外贸易数据表现出波动性。但无论是政局变化还是水灾都只是一种外部冲击，对区域经济只有暂时性的影响，无法影响经济变迁的长期趋势。

第二，20世纪初的关税是中央政府财政的主要来源，而政府经济政策的变化会对关税及财政收入产生巨大的长期影响。

第三，近代中国的中央政府控制力薄弱，独立性较差，无法通过高关税政策等各种经济保护政策来呵护本国产业的发展。尽管大多数城市的对外贸易总额及关税税额一直在波动上升，但上海经济地位的相对上升与其他大多数城市经济地位的相对下降十分明显。这表明，尽管20世纪40年代之前中国人民一直在寻求独立自主，试图摆脱外人的控制，但从对外贸易的演变趋势来看，在北洋政府和南京国民政府的统治下，中国经济的半殖民地性质是在加强而非减弱。

（原文发表于《太原大学学报》2015年第3期）

近代芜湖物价水平演变的定量分析

20世纪90年代王鸣鹤指出，1900—1937年芜湖经济在长江流域及全国通商口岸中的地位下降，这也标志着安徽经济的衰落[②]。诸多学者给出了各种分析和解释，如米市衰落[③]、连续不断的自然灾害[④]、裁厘统税[⑤]、政治动荡[⑥]、鸦片贸易[⑦]等。这些研究基本都是在王鹤鸣的分析基础上所做的定性深化。但众多学者在分析对外贸易数据时，均未考虑到物价的

② 王鹤鸣:《芜湖海关》,黄山书社1994年版,第47–48页。王鹤鸣、施立业:《安徽近代经济轨迹》,安徽人民出版社1991年版,第257–261页。

③ 戴国芳:《近代芜湖米市兴衰的原因及其影响》,《长江大学学报(自然科学版)》2006年第5期,第203–208页。谢国权:《近代芜湖米市与芜湖城市的发展》,《中国社会经济史研究》1999年第3期,第76–85页。

④ 王方中:《1931年江淮大水灾及其后果》,《近代史研究》1990年第1期,第214–227页。方前移:《浅析钱业与商品贸易互动关系——以芜湖中转市场为例》,《中国农史》2012年第3期,第45–53页。

⑤ 欧阳跃峰、叶东:《近代芜湖海关与对外贸易》,《北华大学学报(社会科学版)》2009年第6期,第83–89页。

⑥ 汪华:《裁厘加税与芜湖米市的走向》,《安庆师范学院学报(社会科学版)》2001年第5期,第30–33页。

⑦ 郝秀清:《近代芜湖海关的鸦片贸易》,《安徽史学》1990年第1期,第45–48页。

影响，仅以名义价格为分析依据。而市场机制的核心是价格形成过程，价格的变化可以帮助我们分析产业结构、资源配置等方面的演变趋势与规律。在近代，芜湖作为安徽唯一的约开口岸，是该省的工商业中心与市场枢纽。通过定量方法研究芜湖的对外贸易与物价变动以探析近代安徽经济演变的趋势与规律，可以提供一种新的分析思路与视角。

一、1900—1933年芜湖价格指数的测算

（一）测算的方法与思路

自19世纪70年代开始，国际金本位制度逐渐形成，白银价格逐年下跌。中国作为当时唯一的银本位大国，白银购买力逐渐下降。到了1929年，世界经济危机爆发，白银购买力又开始上升。白银价值的变化意味着对外贸易名义价值的分析较不准确。对于近代中国的物价水平，早在1928年，南开大学就编制过全国物价指数⑦。但近代全国性市场发育不成熟，区域市场相互分割，从而导致各地物价水平存在差异。相对而言，沿海沿江通商口岸的物价水平差异较小，而偏远城市与村镇的物价水平差异较大。以芜湖和上海为例，芜湖和上海的米价变化的相关性并不完全一致，1929年相关性较弱，而在1931年则是相关系数为-0.709的负相关关系⑧。因

⑦ 孔敏：《南开经济指数资料汇编》，中国社会科学出版社1988年版，第1页。

⑧ 徐正元：《上海近代稻米市场价格变动之分析》，《中国经济史研究》1996年第2期，第64-69页。

此，我们需要测算芜湖本地的物价指数以分析物价变动与对外贸易的实际值。由于在近代芜湖是安徽最重要的商品集散市场，芜湖价格水平的演变趋势与规律基本上就代表了安徽价格水平的演变趋势与规律，所以可以通过对近代芜湖价格变动的分析来探析近代安徽经济的演变。

20世纪初，芜湖进口的主要商品是鸦片、洋纱、洋布、砂糖、煤油等，出口的主要商品是稻米、小麦、菜籽、鸡鸭羽毛等农产品和铁矿砂。安徽裕繁、宝兴和铜官山铁矿砂均被日本人控制，价格压得低于市场价格[③]，因此，在指数测算中应剔除铁矿砂。根据主要进出口商品的进出口数量与价值算出单位商品的名义价格，并以1900年为基准100，计算各种商品的历年价格指数。以各种商品所占的名义价值比率为权数，计算出进口商品价格指数和出口商品价格指数。再根据进出口商品的价值比例，综合计算进出口商品总的价格指数。此外，1912年年底，鸦片被禁止贩卖[④]，1912年之后测算应剔除鸦片。纸张出口主要是国内消费的宣纸，宣纸在测算中亦不考虑。由此，进口商品只测算鸦片、棉纱、棉布、砂糖、煤油，出口商品只测算稻米、小麦、菜籽、鸡鸭羽毛、豆类。我们以《安徽近代经济轨迹》所附的11张表为测算的主要依据[⑤]。但这些表有些地方数据不全，有些地方数据有

③ 杨大金:《现代中国实业志》下，商务印书馆1938年版，第315-323页。

④ 王宏斌:《民国初年禁烟运动述论》,《民国档案》1996年第1期，第80-90页。

⑤ 王鹤鸣，施立业:《安徽近代经济轨迹》，安徽人民出版社1991年版，第276-311页。

误[④]。对于数据缺漏的参考国民政府实业部国际贸易局编制的《最近三十四年来中国通商口岸对外贸易统计：1900—1933》[⑤]与其他资料加以补充，对于数据错误的通过前后年份的数据来修正。

（二）测算过程与结果

1.数据的补充与修正

棉纱价值缺漏较多。1914—1921年的棉纱价格指数我们可以依据滨田丰太郎的数据计算[⑥]，1922—1933年的棉纱价格指数我们可以依据《最近三十四年来中国通商口岸对外贸易统计：1900—1933》第六表（二）计算[⑦]。由于1910年代物价变化缓慢，1900年的数据可与1901年的指数相等看待，1902—1913年的数据则以平均增长的插值法计算。通过以上方法，我们可以测算出棉纱的价格指数，见表1。后面棉纱进

④ 例如《安徽近代经济轨迹》第298页，1928年与1929年豆类输出数量分别为77 545担和60 643担，但名义价值都为284 362两。第304页，1935年输出菜籽价值15 606 101两，名义价值在这一年突然变成前一年、后一年的10倍左右，显然多了一位数字。第306页，1918年和1919年的输出数量分别为4766担和4980担，而输出的名义价值均为191 730两。第310页，1920年和1921年鸡鸭毛输出数量分别为16 479担和20 184担，但名义价值均为211 406两。此外，由于1931年特大水灾，1932年菜籽出口几乎为0，1931—1932年煤油进口也急剧下降。

⑤ 国民政府实业部国际贸易局：《最近三十四年来中国通商口岸对外贸易统计：1900—1933》，商务印书馆1935年版。

⑥ 严中平：《中国棉纺织史稿（1289—1937）：从棉纺织工业史看中国资本主义的发生与发展过程》，科学出版社1955年版，第186页。

⑦ 国民政府实业部国际贸易局：《最近三十四年来中国通商口岸对外贸易统计：1900—1933》，商务印书馆1935年版，第186页。

口的名义价值也按照相同的方法测算而得。

表1 芜湖进口棉纱价格指数

年份	1900	1901	1902	1903	1904	1905	1906	1907	1908
指数	100	100	101	102	102	103	104	105	105
年份	1909	1910	1911	1912	1913	1914	1915	1916	1917
指数	106	107	108	108	109	110	120	126	163
年份	1918	1919	1920	1921	1922	1923	1924	1925	1926
指数	194	179	177	170	159	184	259	184	359
年份	1927	1928	1929	1930	1931	1932	1933		
指数	240	459	207	559	249	217	191		

进口棉布数据缺漏也较多，进口数量以插值法补入。1922—1933年的价格指数以《最近三十四年来中国通商口岸对外贸易统计：1900—1933》第四表（一）的数据为依据计算补入[⑤]，其他年份采用插值法。进口食糖1924—1926年的缺漏数据以第五表（五）中的数据计算补充[⑥]。出口小麦缺漏数据，1922—1923年的以第五表（五）[⑦]中的数据补充，其他采用插值法。出口豆类缺漏数据，1922—1928年、1930—1931年的参考第五表（五）[⑧]，1900—1904年的数据以1898—

⑤ 国民政府实业部国际贸易局:《最近三十四年来中国通商口岸对外贸易统计:1900—1933》,商务印书馆1935年版,第178页。

⑥ 国民政府实业部国际贸易局:《最近三十四年来中国通商口岸对外贸易统计:1900—1933》,商务印书馆1935年版,第180页。

⑦ 国民政府实业部国际贸易局:《最近三十四年来中国通商口岸对外贸易统计:1900—1933》,商务印书馆1935年版,第197页。

⑧ 国民政府实业部国际贸易局:《最近三十四年来中国通商口岸对外贸易统计:1900—1933》,商务印书馆1935年版,第198页。

1899、1905年的数据为依据计算。

2.测算结果

根据上述方法，我们还可以测算出鸦片、砂糖、煤油、稻米、小麦、菜籽、鸡鸭羽毛、豆类等其他商品的价格指数与名义价值所占比率。由于篇幅限制，进口与出口商品我们只各列出一种商品，见表2和表3。

表2　芜湖进出口商品(棉布、豆类)价格指数

年份	1900	1901	1902	1903	1904	1905	1906	1907	1908
棉布	100	102	105	108	111	114	116	119	121
豆类	100	100	100	100	100	97	120	125	115
年份	1909	1910	1911	1912	1913	1914	1915	1916	1917
棉布	123	124	126	127	129	130	131	132	133
豆类	125	149	143	171	261	595	928	814	699
年份	1918	1919	1920	1921	1922	1923	1924	1925	1926
棉布	134	135	136	137	167	131	167	138	131
豆类	584	469	354	239	124	168	150	202	169
年份	1927	1928	1929	1930	1931	1932	1933		
棉布	68	174	157	100	101	14	7		
豆类	190	166	146	177	172	204	310		

表3　芜湖进出口商品(棉布、豆类)名义价值

(单位:万关平两)

年份	1900	1901	1902	1903	1904	1905	1906	1907	1908
棉布	121	125	121	118	131	145	159	174	148
豆类	31	15	5	22	30	23	5	7	7
年份	1909	1910	1911	1912	1913	1914	1915	1916	1917
棉布	122	115	107	135	163	161	159	133	106
豆类	17	7	7	17	13	20	23	6	13

续 表

年份	1918	1919	1920	1921	1922	1923	1924	1925	1926
棉布	105	103	99	96	127	108	136	111	78
豆类	11	25	5	4	0.44	3	10	7	3
年份	1927	1928	1929	1930	1931	1932	1933		
棉布	26	85	89	50	31	1	0.26		
豆类	8	28	18	12	6	17	83		

二、进口商品价格指数与出口商品价格指数的分析

以进口商品的名义价值和价格指数为依据，可以测算出进口商品的价格指数，见表4。同理可以算出出口商品的价格指数，见表5。两者之间的皮尔逊相关性检验的结果是相关系数$r=0.547$，$p=8.24\times10^{-4}<0.05$，表明两者之间具有显著的强相关关系。这说明进出口商品价格涨跌的幅度与方向存在统计学意义上的一致性。

表4 芜湖进口商品价格指数

年份	1900	1901	1902	1903	1904	1905	1906	1907	1908
指数	100	101	105	105	100	106	105	106	117
年份	1909	1910	1911	1912	1913	1914	1915	1916	1917
指数	110	161	212	245	114	111	117	143	155
年份	1918	1919	1920	1921	1922	1923	1924	1925	1926
指数	165	160	171	196	177	152	167	150	149
年份	1927	1928	1929	1930	1931	1932	1933		
指数	154	158	150	152	214	223	223		

表5　芜湖出口商品价格指数

年份	1900	1901	1902	1903	1904	1905	1906	1907	1908
指数	100	96	127	123	124	141	140	178	163
年份	1909	1910	1911	1912	1913	1914	1915	1916	1917
指数	157	195	195	193	176	202	240	185	177
年份	1918	1919	1920	1921	1922	1923	1924	1925	1926
指数	313	192	229	239	267	259	254	273	242
年份	1927	1928	1929	1930	1931	1932	1933		
指数	300	213	319	413	477	260	239		

根据表4和表5的数据绘制成图1。尽管进口与出口商品的价格涨跌存在一定的一致性，但上涨或下跌的幅度不同。进口与出口价格指数的平均值分别是149和218。结合图1来看，出口商品价格指数上涨要快于进口商品价格指数上涨。换言之，本地土货的价格上涨要快于进口洋货。

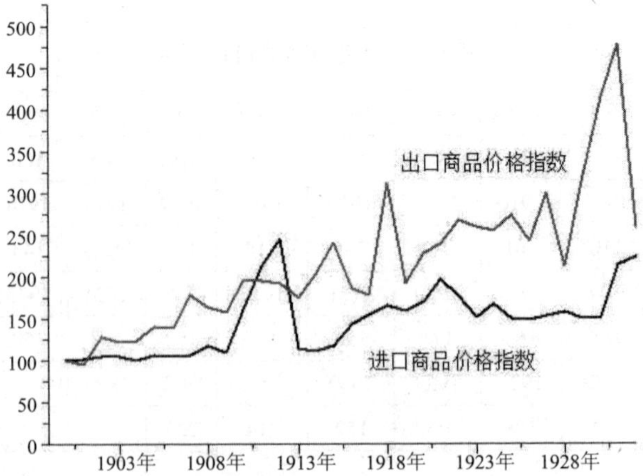

图1　芜湖进口商品价格指数与出口商品价格指数

在近代，出口土货多为农产品，进口洋货多为机器生产的工业制成品。工业企业劳动生产率的提高速度较快，而中国传统农业劳动生产率几乎停滞。与工业制成品相比，中国传统农业和手工业的成本已经低到无法再低的极致，价格的需求弹性较小，从而导致出口土货价格增长比进口洋货快，而下跌却较慢。

很多学者认为，近代进出口贸易由于外人控制贸易网络，压低农产品价格，抬高工业品价格，从而维持工农业剪刀差，形成中外不平等的贸易格局[⑤]。从数据分析来看，工农业剪刀差的解释至少在近代安徽地区是不适用的。从理论上讲，农产品价格涨幅高于进口洋货有利于安徽的资本积累与近代本土工商业的发展。

但是，1939年侵华日寇调查认为，安徽滁县“工业向不发达，一切工业品均仰外地输入”，芜湖情况稍好，“自开埠以来，机器工业已渐发达。而手工业亦能相映发展。惟机器工业每因短于资本，营业不易发展，且或因以停顿。故除纱厂、电厂、面粉厂，资本较厚可称完全机器工业外，余皆仍为小规模之手工业”[⑥]。安徽普通农民的生活水平不但未好转反而恶化，农民“当春食粮，即以告匮，每以秋收抵押，借食度日。及谷熟登场，债甫清而租谷亦尽，地主催租不得，

⑤ 汪敬虞：《中国近代经济史：1895—1927》上册，人民出版社2000年版，第151-154页。另可见刘克祥、吴太昌：《中国近代经济史：1927—1937》，人民出版社2012年版，第1440-1442页。

⑥ 维新学院：《江浙皖实态调查汇集》，新申报馆1939年版，第133，138页。

甚至逼之典衣售牛作抵”，农妇“习于劳工，自不暇修饰，且时值农忙，虽产后刚一月亦必工作，其劳苦可知也”[③]。当时中央政府控制力薄弱，地方军阀封建割据，中央靠借外债为生，地方靠抢夺地盘维持庞大的军费，这只有通过田赋来搜刮农民，当时的田赋极高。此外，中小地主破产加剧，军政官僚与大商人兼并土地的情况十分严重。种种情况使相对价格变动产生的剩余多被这些非经营性吃租金的土地投资者和地方官僚掠取并挥霍，这导致资本积累的有利条件未得到有效利用。此外，还有规模巨大的剩余被吸引到上海这样资本相对聚集的城市。

根据图1可知，进口和出口商品价格指数都存在着一定的周期性波动。大致2～4年为一个短周期，8～12年为一个中周期。进口与出口价格指数的平均值、标准差和变异系数分别是149和218、41和83、0.275和0.381。这表明，与进口洋货相比，出口土货价格的涨跌幅度较大。这主要由两个因素造成：第一，与进口的工业制成品相比，农产品经常受到自然灾害与政治动荡的外部冲击，从而加剧了价格上涨或下跌的趋势；第二，农产品生产的周期较长，根据市场需求调整生产的难度较大，换言之，需求短缺时难以在短期内增加生产能力，生产过剩时则难以降低生产能力，从而导致农产品的价格供给弹性较小。

③ 王恩荣：《安徽的一部——潜山农民状况》，《东方杂志》1927年第24卷第16期，第62，64页。

三、与工业化国家批发价格指数的比较分析

用表4和表5的数据，结合1900—1933年进口名义价值与出口名义价值[②]，可以计算出芜湖进出口商品的总价格指数，见表6。在区域商品集散中心相同商品尽管会销往区域内不同的市场，但其价格水平都应相等。因此，芜湖总价格指数大致代表了近代安徽的批发价格水平。用芜湖进出口商品总价格指数与日本[③]、美国[④]、英国[⑤]这三个对中国经济影响最大的工业化国家同期的批发价格指数进行比较[⑥]，大致可以反映安徽与工业化国家在经济上的关系与差异。

② 国民政府实业部国际贸易局:《最近三十四年来中国通商口岸对外贸易统计:1900—1933》,商务印书馆1935年版,第124页。这里的名义价值有多种选择。考虑到进口洋货多为工业制成品,国内生产的工业制成品有相当比重来自外资企业,而且即使是国内生产的工业制成品价格亦受到进口洋货价格的决定,而转运的国内其他口岸土货之价格不直接影响安徽物价水平,因此选择的数据是进口的总名义价值和本地土货的出口名义价值。

③ (英)B.R.米切尔编,贺力平译:《帕尔格雷夫世界历史统计:1750—1993年》亚洲、非洲和大洋洲卷,经济科学出版社2002年版,第969页。

④ (英)B.R.米切尔编,贺力平译:《帕尔格雷夫世界历史统计:1750—1993年》美洲卷,经济科学出版社2002年版,第716-717页。

⑤ (英)B.R.米切尔编,贺力平译:《帕尔格雷夫世界历史统计:1750—1993年》欧洲卷,经济科学出版社2002年版,第905-906页。

⑥《帕尔格雷夫世界历史统计》中的数据以1914年为分界点,前后时期分别以不同年份的价格水平为基数100,需要将这些数据都换算成以1900年的价格水平为基数100。

表6　芜湖进出口商品总价格指数

年份	1900	1901	1902	1903	1904	1905	1906	1907	1908
指数	100	99	118	114	114	130	125	137	141
年份	1909	1910	1911	1912	1913	1914	1915	1916	1917
指数	138	180	203	215	144	150	181	163	164
年份	1918	1919	1920	1921	1922	1923	1924	1925	1926
指数	231	181	202	214	205	191	212	221	186
年份	1927	1928	1929	1930	1931	1932	1933		
指数	215	180	228	259	343	238	232		

用1900—1933年的价格指数数据进行皮尔逊相关性检验。结果表明，芜湖和日本的价格指数的相关系数r为0.508，检验值p为0.002 14。因此芜湖和日本的价格指数有显著的强相关关系，但与英、美两国的价格指数的相关性既不强也不显著。考虑到1931年长江流域特大洪涝灾害对物价水平的巨大影响，再用1900—1928年的数据进行皮尔逊相关性检验，结果却大不相同。1900—1928年，芜湖与日本、美国、英国的价格指数的相关系数r和检验值p分别为0.745和0.000 003 63、0.671和0.000 067 8、0.567和0.001 34。r均大于0.5，p均小于0.05，这就表明1900—1928年安徽批发价格水平与日本、美国、英国的批发价格水平是显著的强相关关系。

进口商品的价格制定权一直由国际市场决定。原本中国拥有茶叶、生丝等大宗出口商品的价格主导权，但自19世纪末以来，随着交通通讯技术的发展，中国丧失了几乎所有商品的价格制定权。因此，从数据的统计分析来看，安徽的物价水平受到工业化国家的强烈影响，尤其是日本的影响力更强。比如生丝，日本取代中国成为世界第一的出口大国，掌握了价格主导权。再如棉花价格，基本上由日本大阪棉花市场决定。安徽出口的铁矿砂几乎都出口日本，形成了买方垄断的格局，再加上日本通过预付款、借外债等方式控制了价格制定权。

我们将1900—1933年芜湖及日、美、英三国的价格指数绘制成图，见图2。从图2来看，自然灾害和政治动荡对价格指数有明显的影响。1906年安徽三分之二的地区遭遇洪灾，1907年有32个州县发生自然灾害，1910年有56个州县发生自然灾害。1911年有20多个州县发生自然灾害，灾民300多万，饿死者70多万，奄奄待毙者40多万，当时甚至发生了吃人肉的惨剧。1906—1911年，南陵、繁昌、宣城、和州、徽州、太平等多处发生民众骚动抢米事件。1914年全省各地都发生了各种自然灾害，1916年长江淮河沿岸遭遇水灾而芜湖却遭遇旱灾，1919年潜山、怀宁、宿松、合肥等10余县遭遇水灾[⑥]，1931年遭遇特大水灾。1911—1912年辛亥革命爆发，1921年直皖战争爆发，1924年第二次直奉战争爆发，1927年国民革命军北伐。灾害和政治动荡会拉动价格指数的上涨，如1906—1908年、1910—1912年、1914年、1919年、1921年、1925年、1927年和1931年的价格指数都上涨，尤其是1931年、1911—1912年的价格指数上涨最为明显。

⑥ 翁飞:《安徽近代史》,安徽人民出版社1990年版,第360-364、416-417页。

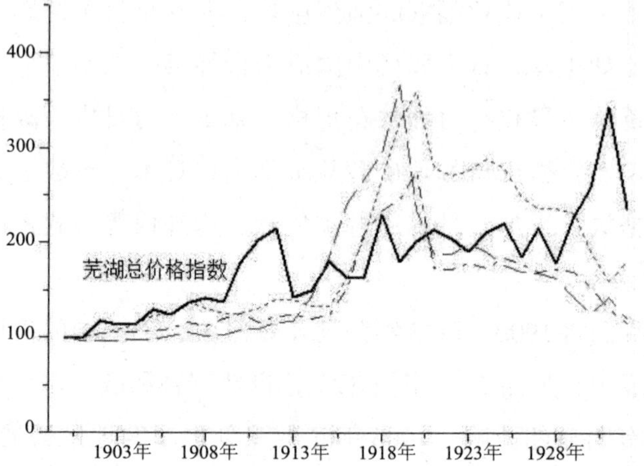

图2　芜湖进口商品总价格指数与工业化国家的比较

但是自然灾害和政治动荡只能对价格产生暂时性的冲击。根据图2，1900—1931年的价格走向总的说来是缓慢波动上涨，暂时性的价格波动不能改变这一长期性的演变趋势。1931年之后价格下跌的趋势也是长期性的，如果中国一直维持银本位制而未在1935年进行法币改革的话，这一趋势仍将维持相当长的一段时间。近代中国的半殖民地性质决定了中国的商品化经济受到世界资本主义体系的支配，芜湖及安徽也不例外，其价格水平的长期演变趋势是由工业化国家的经济状况决定的。1914年，工业化国家缓慢上升的价格决定了芜湖及安徽价格指数的缓慢上涨。1914年，第一次世界大战爆发后，进口洋货的减少与世界市场对中国商品需求的增长使1914—1931年的芜湖及安徽价格指数上涨速度有所增加。1929年世界资本主义经济大危机爆发后各工业化国家的货币紧缩，以及1931年日本侵华势头的加剧，共同导致从1931年开始中国价格水平将有一个长期的下降过程。

当然，中国的自然经济规模庞大，这就使商品化程度较低的农产品和家庭手工业制品部分抵消了工业化国家对价格水平的影响。1900—1933年，芜湖及安徽价格指数波动的程度比日、美、英三国要小。从图2来看，1913—1930年这段时间中，这一现象尤其明显。

四、结论

总的说来，芜湖价格水平变动可以反映出1900—1933年安徽经济的一些特点和规律。第一，工农业剪刀差并不存在，工业制成品与农产品之间相对价格的变动有利于安徽发展近代经济的资本积累，但在历史实践中由于种种原因没有实现。第二，由于商品化经济已经融入世界市场，受到资本主义世界体系的支配，自然灾害与政治动荡对经济只有暂时性的冲击，长期影响是由工业化国家的经济状况决定的。1900—1929年的价格演变特点是缓慢上涨，但1931年之后出现了价格下降的长期性趋势，1935年的法币改革扭转了这一趋势。第三，安徽传统的自然经济仍然占有相当的规模，商品市场发育尚未完全成熟，这缓冲了国际市场的影响，使价格水平的涨跌幅度比工业化国家要小。

（原文发表于《太原大学学报》2015年第3期）

近代芜湖及安徽工业化进程的迟滞与原因考察

20世纪90年代王鸣鹤指出，1900—1937年芜湖经济在长江流域及全国通商口岸中的地位下降，这标志着安徽经济的衰落②。很多学者给出了各种解释，如米市衰落、1931年水灾、裁厘统税、政治动荡、鸦片贸易等。这些研究基本都是在王鸣鹤的分析基础之上所做的深化。王鸣鹤的分析主要基于《芜湖关贸易情形论略》和《芜湖海关十年报告》两份文献，但既未考虑价格变动因素，也未做不同区域之间的比较分析。

我们试图从区域工业化的角度去思考分析20世纪初的芜湖以及安徽近代的经济变迁。芜湖在安徽近代经济史上占有极为重要的地位，就近代工业来说，安徽以芜湖为中心逐步向淮河流域推进。至1912年，芜湖工业资本总额占全省的50%左右。安徽近代工业主要以轻工业与矿业为主。芜湖裕中纱厂、益新面粉厂等一批企业是该省近代轻工业的骨干与代表。芜湖繁昌裕繁铁矿是近代中国规模较大的矿场之一。芜

② 王鹤鸣：《芜湖海关》，黄山书社1994年版，第47-48页。另见王鹤鸣、施立业：《安徽近代经济轨迹》，安徽人民出版社1991年版，第257-261页。

湖近代工业的发展对全省有着重要的影响[②]。因此，通过研究芜湖近代工业化的进程大致能反映出安徽省近代工业发展的历史特点，从而可以为这一问题的研究提供一种新的分析思路和视角。

一、1900—1933年芜湖对外贸易演变的趋势

（一）价格指数的测算与结果

从19世纪70年代到1929年世界经济大危机的爆发，白银购买力涨跌不一。如果直接对对外贸易名义价值进行分析，结果并不准确。近代中国的全国性市场发育不全，区域经济分割，各地物价水平不一，需要测算芜湖即安徽本地的物价指数以分析物价变动与对外贸易的实际值。近代芜湖进口的主要商品是鸦片、棉纱、棉布、砂糖、煤油等，出口的主要商品是稻米、小麦、菜籽、鸡鸭羽毛等农产品和铁矿砂。安徽裕繁、宝兴和铜官山铁矿砂均被日本人控制，价格压得远低于市价[③]，因此，在指数测算中应剔除铁矿砂。根据主要进出口商品的进出口数量与价值算出单位商品的名义价格，并以1900年为基准100，计算各种商品的历年价格指数。以各种商品所占的名义价值比率为权数，计算出进口商品价格指数

② 王鹤鸣、施立业:《安徽近代经济轨迹》，安徽人民出版社1991年版，第5-6页。

③ 杨大金:《现代中国实业志》下册，商务印书馆1938年版，第315-323页。

和出口商品价格指数。再根据进出口商品的价值比例[③]，综合计算进出口商品总的价格指数。以《安徽近代经济轨迹》中所附的11张表为测算的主要依据[④]。但这些表有些地方数据不全，有些地方数据有误[⑤]。对于数据缺漏的参考国民政府实业部国际贸易局编制的《最近三十四年来中国通商口岸对外贸易统计：1900—1933》及其他资料加以补充。对错误的数据，我们通过对相近年份数据变化趋势的估算来修正。

棉纱价值缺漏较多。1914—1921年的棉纱价格指数我们可以依据滨田丰太郎的数据计算[⑥]，1922—1933年的棉纱价格指数可以依据《最近三十四年来中国通商口岸对外贸易统计：1900—1933》第六表（二）计算[⑦]。由于1910年代物价变化缓慢，1900年的数据可与1901年的指数相等看待，1902—

③ 国民政府实业部国际贸易局：《最近三十四年来中国通商口岸对外贸易统计：1900—1933》，商务印书馆1935年版，第124页。

④ 王鹤鸣、施立业：《安徽近代经济轨迹》，安徽人民出版社1991年版，第276-311页。

⑤ 例如《安徽近代经济轨迹》第288页，1928年与1929年豆类输出数量分别为77 545担和60 643担，但名义价值都为284 362两。第304页，1935年输出菜籽价值15 606 101两，名义价值在这一年突然变成前一年、后一年的10倍左右，显然多了一位数字。第306页，1918年和1919年的输出数量分别为4766担和4980担，而输出的名义价值均为191 730两。第310页，1920年和1921年鸡鸭毛输出数量分别为16 479担和20 184担，但名义价值均为211 406两。此外，由于1931年特大水灾，1932年菜籽出口几乎为0，1931—1932年煤油进口也急剧下降。

⑥ 严中平：《中国棉纺织史稿(1289—1937)：从棉纺织工业史看中国资本主义的发生与发展过程》，科学出版社1955年版，第186页。

⑦ 国民政府实业部国际贸易局：《最近三十四年来中国通商口岸对外贸易统计：1900—1933》，商务印书馆1935年版，第186页。

1913年的数据则以平均增长的插值法计算。进口棉布数据缺漏也较多，进口数量以插值法补入，1922—1933年的价格指数以《最近三十四年来中国通商口岸对外贸易统计：1900—1933》第四表（一）的数据为依据计算补入[⑥]，其他年份采用插值法。进口食糖1924—1926年的缺漏数据以第五表（五）的数据计算补充[⑦]。出口小麦的缺漏数据，1922—1923年的通过第五表（五）[⑧]补充，其他采用插值法。出口豆类的缺漏数据，1922—1928年、1930—1931年的参考第五表（五）[⑨]，1900—1904年的参考1898—1899、1905年的数据计算。最终算出的芜湖进出口商品价格指数，见表1。

表1 芜湖进出口商品总价格指数

年份	1900	1901	1902	1903	1904	1905	1906	1907	1908
指数	100	99	118	114	114	130	125	137	141
年份	1909	1910	1911	1912	1913	1914	1915	1916	1917
指数	138	180	203	215	144	150	181	163	164
年份	1918	1919	1920	1921	1922	1923	1924	1925	1926
指数	231	181	202	214	205	191	212	221	186
年份	1927	1928	1929	1930	1931	1932	1933		
指数	215	180	228	259	343	238	232		

⑥ 国民政府实业部国际贸易局:《最近三十四年来中国通商口岸对外贸易统计:1900—1933》,商务印书馆1935年版,第178页。

⑦ 国民政府实业部国际贸易局:《最近三十四年来中国通商口岸对外贸易统计:1900—1933》,商务印书馆1935年版,第180页。

⑧ 国民政府实业部国际贸易局:《最近三十四年来中国通商口岸对外贸易统计:1900—1933》,商务印书馆1935年版,第197页。

⑨ 国民政府实业部国际贸易局:《最近三十四年来中国通商口岸对外贸易统计:1900—1933》,商务印书馆1935年版,第198页。

（二）对外贸易实际值的分析

根据表1，对进出口总额的名义价值[5]进行修正并绘制成图1，可以作为分析对外贸易实际值演变的根据。从图1来看，自然灾害和政治动荡对进出口实际值有显著的负面影响。1906年安徽三分之二的地区遭遇洪灾，1907年有32个州县发生自然灾害，1910年有56个州县发生自然灾害。1911年有20多个州县发生自然灾害，灾民300多万，饿死者70多万，奄奄待毙者40多万，当时甚至发生了吃人肉的惨剧。1906—1911年，南陵、繁昌、宣城、和州、徽州、太平等多处发生民众骚动抢米事件。1914年全省都发生了各种自然灾害，1916年长江淮河沿岸遭遇水灾而芜湖遭遇旱灾，1919年潜山、怀宁、宿松、合肥等10余县遭遇水灾[6]，1931年遭遇特大水灾。1911—1912年辛亥革命爆发，1921年直皖战争爆发，1924年第二次直奉战争爆发，1927年国民革命军北伐。灾害和政治动荡会拉动价格指数的上涨，如1906—1908年、1910—1912年、1914年、1916年、1919年、1921年、1925年、1927年和1931年的对外贸易下滑，尤其是1906—1908年、1911—1912年、1921年、1927年和1931年的下滑最为明显。

⑤ 国民政府实业部国际贸易局：《最近三十四年来中国通商口岸对外贸易统计：1900—1933》，商务印书馆1935年版，第124页。

⑥ 翁飞：《安徽近代史》，安徽人民出版社1990年版，第360-364、416-417页。

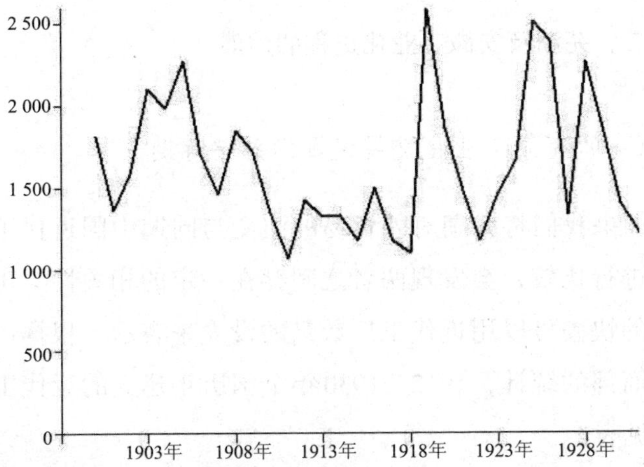

图1 进出口实际值变化

注：纵坐标单位为万关平两。

但是自然灾害和政治动荡对进出口贸易只能产生暂时性的短期冲击。根据图1，从长期来看，1900—1905年是缓慢增长的过程，1905—1911年是缓慢下降的过程，1912—1918年是停滞的过程，1919—1930年是快速增长的过程，1931年之后将会是一个长期性下降的过程。原因在于，近代中国商品化经济已经融入世界资本主义体系[③]，芜湖及安徽的对外贸易长期性的趋势亦受到世界市场变化的支配。

③ 王玉茹:《近代中国价格结构研究》,陕西人民出版社1997年版,第204页。

二、芜湖及安徽工业化进程的迟滞

（一）芜湖工业化发展缓慢的关键时期

如果我们将芜湖对外贸易的演变与同期中国近代工业化进程进行比较，会发现两者之间存在一定的相关性。工业化进程的快慢可以用近代工厂数量的设立来表示。根据国民政府工商部的统计，1912—1930年全国历年建立的近代工厂数量参见表2。

表2　1912—1930年全国历年建立的工厂数量

年份	1912	1913	1914	1915	1916	1917	1918	1919	1920	1921
数量	41	33	41	37	30	56	56	103	105	88
年份	1922	1923	1924	1925	1926	1927	1928	1929	1930	
数量	87	83	81	87	124	124	195	205	103	

资料来源：中国第二历史档案馆：《中华民国史档案资料汇编（第五辑第一编）：财政经济（五）》，江苏古籍出版社1997年版，第219-221页。

我们将1912—1930年芜湖进出口总额和全国工厂数量的数据做皮尔逊相关性检验分析。首先使用进出口的名义价值，结果相关系数r=0.632，检验值p=0.016 3<0.05，两者呈显著的强相关关系。其次使用实际值，结果相关系数r=0.539，检验值p=0.017 4<0.05，两者仍呈显著的强相关关系。这表明对外贸易的规模越大，工厂设置数量也越多，并且投资者更易受到名义价值的影响。

1912年以前，已有的近代工厂总数为171，已确认的

1912—1918年设立的数量为294，相当于1912年之前的1.7倍；已确认的1919—1930年设立的数量为1385，相当于之前的8.1倍。这表明第一次世界大战之后的十几年，是近代工业发展最快的阶段。芜湖在1912年之前已有3家近代工厂，分别是1897年章惕斋创建的益新面粉公司，1905年张广生创建的裕源织麻公司，1906年程宝珍创建的明远电灯公司[②]。如果芜湖能达到全国平均的发展速度，到1930年工厂数量应在32家左右，大致相当于1930年顺德、沈阳、苏州或南京的近代工业化水平。

但是，在1912—1918年仅建立了3家工厂，在1918—1930年也只建立了2家工厂。在1912年之前，杭州、宁波、营口、顺德、广州、沈阳、抚顺、安东、吉林、长春、苏州、武进、镇江、南京、福州等地的工厂数量都和芜湖处在同一水平，但到1930年大多是芜湖的2～5倍。因此，芜湖近代工业化发展迟滞的时间段在1912—1930年，最关键的时间段是1918—1930年。与其他口岸城市不同的是，芜湖对外贸易的发展对近代工业化的促进作用较小。

（二）以芜湖为代表的安徽工业化进程的迟滞

1937年之前，芜湖工业水平在安徽远超过其他城市，芜湖工业化进程的迟滞意味着安徽近代工业化发展的缓慢。以电厂发电量来看，安徽发电厂数据如表3所示。这些发电厂总

② 陈真、姚洛:《中国近代工业史资料(第一辑):民族资本创办和经营的工业》，生活·读书·新知三联书店1957年版，第38-53页。

发电量为1830千瓦，总投资额为106万，大致相当于同期杭州大有利电气公司发电量的62%，总投资额的53%。如果剔除芜湖的数据，这两个数据只有杭州的9%和28%。至于上海、青岛、无锡、武汉这样的城市，就更无法相提并论了。

表3　1929年9月安徽各发电厂及杭州大有利电气公司数据

企业名称	铜陵振通	宣城永宁	贵池华盛	婺源星江	蚌埠耀淮	休宁永明	广德广明	郎溪明星	芜湖明远	杭州大有利
发电量	108	50	20	80	310	30	36	26	1170	6980
资本额	10	2	5	1	30	2.4	3	2.6	50	200

注：发电量单位，千瓦；资本额单位，万元。贵池华盛原表为50万元，显然有误。

资料来源：中国第二历史档案馆：《中华民国史档案资料汇编（第五辑第一编）：财政经济（五）》，江苏古籍出版社1997年版，第203-212页。

根据国民政府建设委员会的统计②，1936年，除日本占领的东三省与热河无统计外，江苏、广东、山东、湖北、河北、浙江、福建、湖南、四川发电度数分别为31.8万千度、10.3万千度、8.3万千度、6.8万千度、5.7万千度、5.1万千度、2.4万千度、1.8万千度、1万千度，而安徽只有0.95万千度。千人耗电度数安徽更是排在江苏、浙江、湖南、云南、浙江、福建、广东、湖北、山西、山东、河北之后，大致与广西、江西及四川处于同一水平。工业用电的量就更少，1933—1934年大致只有湖南的二分之一，福建的四分之一到

② 谭熙鸿：《十年来之中国经济》，中华书局1948年版，第J15-J16页。

三分之一，浙江的二十分之一，山西的八分之一到四分之一。

发电量与用电量反映了工业投资的水平，也间接反映了近代工业化水平。从工业投资额来看，根据国民政府工商部1930年的统计，部分城市的工业资本额和工人数如表4所示。安徽近代最主要的两座工业城市是芜湖和蚌埠。从表4来看，勉强算上安庆的话，这三座城市的总和也才勉强超过江苏工业化水平较低的镇江。和工业化水平较低的江西相比，安徽三座城市的资本总额与江西的两座最主要城市持平，但工人数量超过江西，这表明安徽工业劳动密集型的特点更为显著。和湖北大冶相比，安徽三座城市的资本总额和工人数量都落后于这座重工业城市。仅以芜湖来看，也只强于九江和南昌，而蚌埠和安庆的工业化水平则远远落后于其他省份的重要城市。总的来看，安徽城市的工业化水平要低于除河南外的周边各省。

表4　1929年9月部分城市工业资本额与工人数

城市	芜湖	蚌埠	安庆	无锡	镇江	杭州	宁波
资本额	181	94	43	1218	269	794	187
工人数	19	16	0.3	41	18	151	41
城市	南通	南京	九江	南昌	福州	厦门	大冶
资本额	496	225	173	137	196	267	270
工人数	105	20	19	6	10	6	46

注：资本单位，万元；工人数量单位，百人。

资料来源：中国第二历史档案馆：《中华民国史档案资料汇编（第五辑第一编）：财政经济（五）》，江苏古籍出版社1997年版，第215-218页。

三、工业化迟滞的原因

（一）安徽城市商业的过度繁荣

芜湖开埠前只是一个普通市镇。但“道光开票号十数家，钱业十余家，市面不及湾沚……嘉道间……大砻坊者居多大概供本地食米，未闻有客船装运邻省。市面实不若湾沚及澛港也”[②]。自通商开埠后到1932年，芜湖“商业云集，繁盛有加……商会所辖同业公会五十九业，商店二千九百二十九家……有店员学徒一万零十八人，资本一千九百八十一万四千七百元，二十一年全部营业九千一百六十万三千四百余元。米业一项营业达五千二百八十二万元，竟占全埠营业过半数以上……居长江第三位”[③]。

由此可见芜湖商业尤其是米业的过度繁荣。1932年，芜湖商业资本近2000万元，是1936年近代工业企业投资总额的10余倍。而1936年全国商业资本总额仅为工业资本的1.5倍左右[④]。商业从业人员数量是工业的5倍多。商业年产值9160万元，大约是119万元的工业年产值[⑤]的77倍。工业即使跟手工

② 余谊密、鲍实：《芜湖县志》卷三十五商业，1919年。

③ 国民政府建设委员会调查浙江经济所统计课：《芜湖县经济调查》，转引自《芜乍路沿线经济调查（安徽段）》，1933年版，第1–58页。

④ 许涤新、吴承明：《中国资本主义发展史（第三卷）：新民主主义革命时期的中国资本主义》，人民出版社2003年版，第18页。

⑤ 第二历史档案馆：《中华民国史档案资料汇编（第五辑第一编）：财政经济（五）》，江苏古籍出版社1997年版，第215页。

业产值比，年产值也只有手工业的6%，从业人员数量只有手工业的四分之一左右。工业与商业、工业与手工业之间的产业结构严重失调。此外，芜湖近代工厂大多属于机器碾米业，机器碾米工厂多依靠米业为生，具有极强的依附性。

芜湖的这种现象在蚌埠亦然。1912年，津浦铁路全线贯通，蚌埠开埠。到1920年，安徽除藉长江淮河为水上交通之两大正干外，则以津浦铁路为陆路交通支一大正干[⑤]。蚌埠从一个皖北小镇迅速扩展为一个人口10余万的辐射20余县的商品集散中心，其商品中转的营业额约占总营业额的70%[⑥]。与芜湖一样，蚌埠的商业发展水平也远超过其工业化水平。

商业的畸形繁荣导致工业投资极为匮乏。安徽建设厅厅长在1929年的报告中称，安徽“商业中心，在陆路首推蚌埠，在水路厥为芜湖”，但就工业来说，政府支持的省属企业“办理十余年，成效未睹。所有制造，不外籐、竹、木工、洋烛、肥皂、染织等科，俱系手工作业，并无一及其制造之工厂。而所出物品，又为社会习见之物，毫无特长。其最大原因，尚在资本薄弱，制造之需，无从周转”。少数经营工矿业的商人投机心理严重，管理方法落后。比如安徽矿业“将及二百区，惜商人请领以后，并无经营诚意”[⑦]，他们“多视办矿为投机事业，并无充实之资本……一经开采，即想获利；倘遇矿层稍深，工程稍难，资本即无法接济，不得不暂且搁

⑤ 李葆发:《修筑道路之先决问题》,《安徽建设》1929年第3期,第1–6页。

⑥ 蚌埠市地方志编纂委员会:《蚌埠市志》,方志出版社1995年版,第2–4页。

⑦ 李范一:《安徽建设之过去及未来》,《安徽建设》1929年第2期,第1–16页。

置”[④]。再如近代芜湖著名的工业企业明远电厂，其经营管理的方法很落后，仍然沿袭旧式商店的方法，职工也多是由股东或士绅保荐，大多是该厂老板的同乡[⑤]。

因此，以芜湖和蚌埠为代表的近代安徽城市的经济发展主要发挥着区域商品集散的作用，以商业为支柱产业，以手工业为辅助产业，但因商业过度繁荣导致工业化进程的迟滞，该区域经济缺乏持续发展的内在驱动力。

（二）米市衰落百业衰

1930年，国民政府实行裁厘统税政策，裁撤五十里外的内地常关及各地厘金局，改征营业税和统税。自此安徽稻米无需通过芜湖中转，各县米船分集芜湖附近的澛港及裕溪口观望，向价高处运销，粮源分散。原本华南地区因陆路不畅无法就近进口湖南、湖北和江西稻米，只能从水路输入安徽稻米。1929年粤汉铁路大部分通车，1936年全线通车。广东与湘、鄂、赣的陆路通道打通，皖米在广东的销路大部分为湘、赣米粮所取代[⑥]。此外，由于世界经济大危机的影响，越南、缅甸、泰国等东南亚稻米也大量输入中国。“昔日推为大宗销路之广肇帮，已转向暹罗西贡采办。虽年来洋米进口，

---

④ 詹玉鼎：《整顿安徽商矿之意见》，《安徽建设》1929年第5期，第15–18页。

⑤ 吴名骝、葛宗仁：《安徽明远电厂的演变》，转引自中国人民政治协商会议安徽省委员会文史资料研究委员会：《安徽文史资料选辑（第十四辑）：经济史料》，1983年版，第53–64页。

⑥ 芜湖市工商联：《芜湖米市的兴衰》，转引自中国人民政治协商会议安徽省委员会文史资料研究委员会：《江淮工商》，安徽人民出版社1988年版，第1–31页。

成为全国一致之趋势，且运费昂贵，捐税繁重，时日迟缓，货品不一种种原因，更造成丰收之区，谷弃于田，灾歉之区。”④最终芜湖米业走向衰败。

米业占到芜湖商业的半壁江山，商业和手工业大多依赖于米业的繁荣。米业衰落引发整个商业和手工业的衰败。原本基础薄弱、资本短缺、技术落后、规模狭小的工业企业亦独力难撑，连裕中纱厂、益新面粉厂这样的企业在市场竞争中也难逃破产的厄运。于是在20世纪30年代中期，芜湖经济最终走向衰败。

四、结论

从对外贸易及商业发展的角度看，芜湖及安徽的衰落是在20世纪30年代初。如果我们换个视角，从近代工业化的角度看，这一衰败的过程应在1913年前后，而不是王鹤鸣所认为的20世纪20年代。自然灾害、政治动荡等外部冲击只能对商业繁荣产生暂时性短期影响，只有工业基础才是商业发展的长期保证，脱离了工业基础的商业繁荣只是昙花一现而已。

其实早在1973年薛福成就说过，“西洋各国，工艺日精，制造日宏，其术在使人获质良价廉之益，而自享货流财聚之效，彼此交便，理无不顺。所以能致此者，恃机器为之用也”。中国人要富强，必须“精研机器以集西人之长，兼尽人力以收中国之用”，因此“非工不足以开商之源，则又为其基

---

④ 孙晓村、羊冀成:《镇江米市调查(一九三五年)》,《江苏历史档案》1996年第6期,第50-63页。

而商为其用”[②]。郑观应也曾在1860年代指出，“商务之盛衰，不独关物产之多寡，尤必视工艺之巧拙”，中国“皆因无机器、格致院讲求制造诸学，无商务通例恤商惠工，是以制造不如外洋之精，价值不如外洋之廉，遂致土货出口不敌洋货之多，漏卮愈甚”[③]，因此应当“招商集款，购办机器，自行织造擅其利权”[④]。总而言之，芜湖及安徽经济的发展违背了这一原则。早在1938年，就有学者指出，抗日战争前中国近代工业化过程的两个快速发展期，分别是：政府主导的洋务运动时期；民间资本主导的第一次世界大战后的二十年[⑤]。从全国范围来看，后一时期的工业化过程与对外贸易的发展相互促进，很多国产工业制品甚至能抓住时机输出外洋。遗憾的是，芜湖及安徽其他主要城市的近代工业化却因商业的过度发展，仍然扮演着区域性商品集散中心的角色，未能抓住这一有利时机大力发展近代工业。

（原文发表于《重庆工商大学学报（社会科学版）》2015年第6期）

② 薛福成:《薛福成选集》,上海人民出版社1987年版,第420–421、540页。

③ 郑观应:《郑观应集》上册,上海人民出版社1982年版,第626–627页。

④ 夏东元:《郑观应志》,广东人民出版社2009年版,第227页。

⑤ 杨大金:《现代中国实业志》上册,商务印书馆1938年版,第13–24页。

后　记

我本是工科出身，但自幼便对历史具有浓烈的兴趣与爱好。最早接触历史是在小学二年级时读了林汉达的儿童通俗读物《前后汉故事新编》。直到现在，书中关于冯昭仪在上林苑挺身为汉元帝挡野熊故事的插图仍萦绕于脑中。后来虽然一直未从事历史学专业研究，但对各种历史读物、学术专著及史料涉猎颇多，并一直坚持至今。我的导师马陵合教授，是国内外知名的外债与财政史专家，在学术界的地位颇高。在马老师的身上，可以学到做真学问的有效之方法与严谨之态度。对我来说，受益匪浅。我读博士阶段研究的主要课题是中国近代税制演变的过程，博士论文主要是以厘金、子口税以及复进口税等为对象，研究中央、地方、外人及其他新兴利益集团之间的博弈对税制演变产生的影响与作用。在积累史料、思考研究和撰写博士论文的过程中，有些思路已经超出了博士论文所研究的范围，于是便萌发了将这些与论文相关但不在一个框架之内的研究独立成篇的想法。以上所述正是这本薄薄的小册子之缘起与背景。

近些年来，财政与债务问题一直是当代国内外热点问题。例如，日本及欧元区一些国家的财政赤字与债务危机，对整个国际社会都有巨大的影响。再如，前些年我们国内部分地区的地方融资平台与地方债务问题，在整个社会与学术界均广为讨论。我前些年也曾写过一本关于房地产与地方融资平台的专著。中国近代历史上的财政与债务研究，可为当代的现实问题提供经验与教训。当然，历史与当代社会经济在各个方面都存在着巨大的差异，不可能完全一致，自然也不能照套。但对我们这个民族来说，历史就是我们的信仰。通过历史叙事的方式温故而知新，哪怕有微不足道之用即已达到目的。最后要说明的是，本书的顺利出版还要感谢管秉宏教授、吴邦雷副教授、何赟副教授、杨辉平老师、潘峰博士、罗桂生博士、黄良俊博士等人的帮助。